UNIVERSO FITNESS

Aprende a eliminar la grasa,
perder peso, tonificar tu cuerpo
y hacer crecer tus músculos

Guevara C.

«Incluye Programas de entrenamiento,
Recetas y Batidos naturales»

CONTENIDO

PRÓLOGO

Si usted es una persona que está buscando una manera de mejorar su vida y sentirse mejor, la dieta y el ejercicio son buenas cosas para comenzar. Su dieta y rutina de ejercicios tienen un gran impacto en la forma en que su cuerpo se sentirá y funcionará. Es importante consumir solo lo que quemará. Se sugiere una amplia variedad de alimentos, desea consumir un poco de todo con moderación. Un par de cosas que es importante evitar son las grasas saturadas y las grasas trans.

¡Tienes que prestar atención a tu salud!

La buena salud llega a quienes atienden a su cuerpo. Cuando mejore su salud hoy, a su vez, otras cosas buenas vendrán a usted de muchas maneras. Antes de que te des cuenta, te descubrirás haciendo cosas que nunca antes habías hecho.

El ejercicio junto con una dieta baja en grasas, alta en fibra y un deseo de avanzar hacia una buena salud es lo necesario. Naturalmente, también deberá reducir esos hábitos horribles, como fumar o beber en exceso.

Todos sabemos el secreto para adelgazar, ¿verdad? Coma bien, haga más ejercicio y mantenga una actitud positiva.

"Sí, todos lo sabemos".

Cuando dices la palabra salud, te estás refiriendo al bienestar de ti mismo o de los demás. Así que, naturalmente, la salud se convierte en un asunto personal. Todos quieren tener una buena salud, lo que nuevamente es un impulso muy natural.

Lo primero y más fácil que puede hacer para mejorar su salud es comer adecuadamente y hacer ejercicio de manera rutinaria. Comer adecuadamente puede ser hacer dieta o controlar lo que entra en su cocina. Hacer ejercicio, por otro lado, puede ser algo más complicado.

Hacer ejercicio no significa que tengas que convertirte en un culturista o levantador de pesas, aunque esos son posibles logros que puedes obtener. Simplemente podría significar que desea mantener un cierto peso o mantener su cuerpo en movimiento de manera adecuada y funcional. En tales casos, para mantener una salud adecuada no necesita pesas y cintas de correr, solo una rutina de ejercicios funcional y adecuada.

Puede ser difícil seguir una dieta y una rutina de ejercicios, especialmente cuando se trata de renunciar a algunos de sus alimentos favoritos. Es crucial que haga esto si desea tener un cuerpo más tonificado y saludable. Se necesitará mucho compromiso, dedicación y motivación, pero es posible. Todo lo que necesita es una fuente de información que pueda usar para guiarlo a través del proceso de diseño de una dieta y una rutina de ejercicios. Los siguientes capítulos de este libro le proporcionarán información que le servirá de guía en su búsqueda de una mente, cuerpo y espíritu más saludables a través de la alimentación y el ejercicio físico.

La mayor parte de la actividad física diaria se considera de leve a moderada en el nivel de intensidad. Sin embargo, hay ventajas de salud particulares que solo se pueden lograr con una acción física un poco más extenuante.

La mejora en la aptitud cardiovascular es una ilustración. Por ejemplo, trotar o correr proporciona una mayor ventaja cardiovascular que caminar a un ritmo pausado. Además, mejorar la condición física no solo depende de la actividad física que realice, sino que también depende de cuán vigorosamente y por cuánto tiempo realice la actividad. Es por eso que es crucial hacer ejercicio dentro de su rango de frecuencia cardíaca objetivo.

CAPÍTULO 1
ADOPTAR MENTALIDAD PARA EJERCITARSE

Es posible que no haya oído hablar del término aptitud funcional antes de leer esto, pero la verdad es que la aptitud funcional está a su alrededor. El estado físico funcional se refiere a un tipo de estado físico en el que mantiene su cuerpo en movimiento en rutinas simuladas que se asemejan a las tareas cotidianas.

Ahora, la mayoría de la gente se imagina trabajando como estas imágenes fantásticas donde tienes un núcleo sólido y grandes bíceps sobresalientes que se abultan cada vez que levantas pesas. Esta imagen es mejor para grabar. No todos pueden vivir esta fantasía y, en la mayoría de los casos poco realista y poco práctica realidad. Es más difícil mantener un físico voluminoso y musculoso que un físico normal, y no muchas personas aspiran a convertirse en un culturista de profesión.

Una forma más fácil y más razonable de mantener una figura en forma es apegándose a objetivos más simples. Lo que la mayoría de la gente quiere es poder desempeñarse con la mayor practicidad a diario. Para garantizar esto, suelte las pesas y manténgase en movimientos más naturales. Aquí es donde recurrirás al ejercicio práctico funcional.

Con una condición física funcional, estará haciendo sentadillas, estocadas, estiramientos y bombas que están más cerca de casa. Todos estos movimientos se parecerán a las acciones que haces en la vida cotidiana.

Tomar estocadas como ejemplo. Las estocadas son el movimiento de estirarse y doblar la pierna. Aunque nunca se te encontrará caminando en este ciclo, está imitando los movimientos que haces en casos más extremos. Subir las escaleras y correr usan las mismas acciones que caminar, pero con más fuerza y poder. Al hacer estocadas, sus músculos y articulaciones se acostumbran al fuerte tirón y tensión y, por lo tanto, funcionan de manera más efectiva mientras corren.

A medida que envejece, es posible que haya descubierto que su cuerpo no puede hacer las mismas cosas que antes. Está bien ya que esto les pasa a todos. Desafortunadamente, cuanto más letárgico te vuelvas, más rápido te sucederá esto. Por lo tanto, es mejor levantarse y moverse de cualquier manera que pueda.

La aptitud funcional se puede realizar en cualquier lugar con cualquier nivel de dificultad. Por ejemplo, incluso puede usar su propio peso corporal para realizar los ejercicios sin usar ningún equipo de gimnasio. Mientras te muevas de una manera que pueda beneficiar a tu cuerpo, estarás haciendo algún tipo de condición física funcional.

Complementando La Aptitud Funcional Con Su Estilo De Vida

Como se mencionó anteriormente, esperar el cuerpo perfecto 10 de 10 es poco realista y poco práctico. El objetivo básico siempre debe ser mantener un cuerpo sano con el que usted, como persona, esté satisfecho.

Estar en forma es solo un beneficio adicional para usted. Dicho esto, tus ejercicios no deberían interrumpir tu horario, sino fluir dentro de él. Una vez que se convierte en un problema para encontrar tiempo para su entrenamiento, una señal de alerta roja debe encenderse en su mente. Aquí hay algunos consejos a tener en cuenta al elaborar una rutina de ejercicios que funcione para usted.

En primer lugar, no debería llevar mucho tiempo. Una rutina de 20 a 30 minutos es suficiente para marcar la diferencia, siempre que implemente este entrenamiento todos los días. No necesitas nada tan duro, solo simples movimientos repetitivos para bombear sangre adecuadamente a tus músculos. Su entrenamiento corto puede ser temprano en la mañana o después de su día ocupado.

Por lo general, es mejor hacer ejercicio antes de comenzar el día de trabajo, de lo contrario, hacer algo al final del día lo cansará más de lo normal. También puede desarrollar tensión y dolor intensos si permanece inactivo durante demasiado tiempo después de un entrenamiento.

Otra idea es extender tus entrenamientos durante la semana. Los días que trabaje, haga ejercicio durante solo 20 minutos y los fines de semana o feriados, haga ejercicio durante 30-40 minutos. De esta manera no te cansarás cuando tengas otras cosas que hacer. Cualquier sistema que se adapte a su horario está bien, siempre que obtenga el mínimo esencial de 20 minutos.

Cuando comiences, mantén todos tus movimientos minimalistas. Nada demasiado extravagante que te jale los músculos antes de que los hayas usado. No uses pesas al principio. Tensionarán tus músculos demasiado rápido. Una vez que esté acostumbrado a entrenamientos más simples, puede aplicar pequeños pesos de dos o tres kilogramos. Nunca empieces a lo grande, ya que no es saludable, es poco realista y poco práctico.

Cuando haga ejercicio, mantenga un poco de agua cerca y póngase su ropa deportiva. Siempre manténgase hidratado cuando haga ejercicio y manténgase seguro en todo momento.

Tenga mucho espacio libre a su alrededor con un piso limpio y alfombrado, o compre una estera de yoga para movimientos donde se dobla o se acuesta. Cuanto más espacioso sea su entorno, más seguro será ejecutar su entrenamiento de manera efectiva sin lesionarse.

¿Es La Aptitud Funcional Adecuada Para Usted?

En contraste con la creencia popular, cualquier programa de acondicionamiento físico puede no ser una buena opción para individuos separados. Aunque la sociedad ahora lo ha convertido en algo muy normal, es posible que no encajes con este grupo de personas que pueden trabajar hasta el hueso.

Si está desconcertado, espere porque hay una explicación. Sí, es cierto que el estado físico funcional básicamente trata de cubrir todos los movimientos genéricos, reforzar su resistencia, fuerza y rango de movimiento, pero ¿qué pasa con aquellas personas que pueden realizar tareas diarias y nada más?

Las enfermedades, la debilidad, la edad y las lesiones pueden evitar que haga más de lo que actualmente es capaz de hacer. Aunque puede sentir que está listo para más, su cuerpo puede no estarlo. Recuerde antes que nada, no hay necesidad de forzar límites que no deberían ser forzados.

Ejercitarse bajo estos métodos puede cubrir las necesidades de la mayoría de las personas. Ya sea que esté buscando un mejor cuerpo o un día más productivo, el estado físico funcional cosecha los beneficios para ayudarlo en ese camino. Si está lesionado, entonces es momentáneo a menos que el efecto posterior sea de por vida. Un rasguño o un moretón lo abatirán por unos días. Los huesos rotos lo mantendrán conectado a tierra por un período mucho más largo y, en algunos casos graves, el resto de su vida. Sin embargo, si las funciones corporales son realmente algo que desea mejorar, entonces no hay razón para que se descuide, lastimándose las extremidades.

Otros obstáculos momentáneos pueden ser cirugía, embarazo, viajes o mudanzas y otros eventos impactantes en la vida. No hay forma de que pueda seguir haciendo ejercicio todos los días, especialmente si tiene otras cosas en su agenda que atender. No se preocupe si pierde un día, simplemente regrese a la rutina lo antes posible. Cuanto más esperes, más difícil será volver a tu nivel anterior.

A medida que adentras en la edad adulta, te limitarás a lo que puedes hacer. Las ocupaciones, los hábitos alimenticios, la salud ósea y los problemas cotidianos de vida deben tenerse en cuenta antes de intentar cualquier tipo de entrenamiento.

Los problemas respiratorios o digestivos también pueden impedir que haga ciertos ejercicios, ya que éstas áreas se verán directamente afectadas por la gran mayoría de movimientos.

CAPÍTULO 2
¿POR QUÉ EJERCITARSE?

Una dieta saludable no es lo único importante para tener un cuerpo y una mente más saludables. También es importante asegurarse de que está haciendo la cantidad correcta de ejercicio. Al principio puede ser difícil ponerse una rutina de hacer ejercicio regularmente. Con práctica y determinación te encontrarás haciéndolo en poco tiempo. Te aseguro que te sorprenderá lo mejor que te sentirás cada día cuando haces ejercicios de manera regular. El ejercicio no solo le proporcionará un cuerpo y una mente saludables. También aumentará la duración de su vida. Esto le dará muchos años adicionales para pasar con sus seres queridos.

Los Fundamentos Del Ejercicio

Muchas personas cometen el error de pensar que una dieta adecuada por sí sola es suficiente para lograr la salud de todo el cuerpo. ¡Este no es el caso! Una dieta bien balanceada también debe incluir ejercicio regular, ya que es vital para que una persona esté sana.

Hacer ejercicio también le dará el beneficio adicional de poder comer más alimentos a diario. Mientras hace ejercicio, quema grasas y calorías. Cuantas más calorías quemes, más podrás comer. Además, será más aceptable que salgas de tu plan de dieta cuando estés haciendo ejercicio. Te mereces después de todo el esfuerzo un regalito ocasional.

El ejercicio no solo llevará a su cuerpo a un mejor estado físico, sino que también lo hará sentirse mejor mentalmente. ¿Sabías que tu cerebro libera endorfinas de forma natural mientras haces ejercicio? Cuando su cerebro está lleno de endorfinas, alcanzará un estado de euforia o un tipo de euforia que lo hará sentir bien, feliz y tranquilo.

Te sentirás genial contigo mismo cuando comiences a ver los resultados de todo el esfuerzo que has realizado en tu rutina de ejercicios. Te hará una persona más segura y mejorará tu autoestima. Esto conducirá a muchas nuevas puertas y amplias oportunidades que se abrirán en su vida. Lo primero que necesita para tener una vida feliz y exitosa es tener un cuerpo, espíritu y mente saludables. El ejercicio puede ayudar mucho a mejorar el estado de cada uno de estos elementos.

Siempre hay tiempo para hacer ejercicio, así que no te des excusas. No necesita hacer una rutina de una hora. Hacer lo que pueda con el tiempo que tiene le ayudará. Cualquier esfuerzo que haga, sigue siendo esfuerzo, lo importante es aumentar la intensidad un poco cada vez y ser constante, todas las personas no van al mismo ritmo, te aconsejo buscar un ritmo que se ajuste a tu estilo y mantenerlo.

CAPÍTULO 3
ESTABLECER UNA RUTINA DE EJERCICIO

Una vez que haya decidido comenzar a hacer ejercicio, es importante establecer una rutina de ejercicios para usted. Esto le permitirá asegurarse de que está haciendo la cantidad adecuada de ejercicio mientras ejercita diferentes grupos musculares.

Debe recordar que nadie lo responsabilizará por adherirse a cierta rutina, excepto usted mismo. Disminuir o posponer las cosas cuando se trata de mejorar su salud, incluyendo su rutina de ejercicios no hará más que desacelerar el progreso de sus resultados, lo que probablemente absorberá su motivación para continuar.

Crear Una Rutina Beneficiosa

Es importante que no intente comenzar su viaje hacia un cuerpo más saludable, haciendo ejercicio a ciegas. Necesita conocer algunos hechos importantes para no lastimarse mientras intenta mejorar. Después de todo, no quieres dar un paso adelante y dos pasos atrás, ¿verdad? No lo creo. Siempre es una buena idea consultar a un profesional capacitado cuando desarrolle una rutina de ejercicios efectiva. Estos profesionales conocerán la rutina exacta que funcionará mejor con el tiempo que tiene disponible, su tipo de cuerpo y las metas que tiene en mente.

Para aquellos que deciden no utilizar a un profesional para desarrollar su rutina de ejercicios, debe asegurarse de crear una rutina de ejercicios bien equilibrada. No debes concentrarte en un grupo muscular y trabajar en él todos los días. Esto puede dañar los músculos con el tiempo, ya que no tienen suficiente tiempo para sanar adecuadamente. Necesita trabajar en diferentes grupos musculares en diferentes días de la semana. Por ejemplo, un día puede trabajar en bíceps y luego al siguiente en piernas.

Si hace ejercicio con fines de dieta, es posible que desee seguir ejercicios que se centren más en el aspecto cardiovascular de las cosas. Las cintas de correr y los escaladores pueden ser excelentes maneras de quemar carbohidratos y calorías. El único problema es el hecho de que ocupan mucho espacio. La mayoría de las personas no tendrán espacio en su casa para una cinta de correr, por lo que pueden tener que comprar una membrecía de gimnasio. Los ciclos estacionarios también son otra forma de ejercicios cardiovasculares saludables. Este tipo de cardio puede ser excelente para las personas mayores o con artritis, ya que le permite a la persona que hace ejercicio sentarse y tomar las cosas a su propio ritmo. Hay clases que incluso incorporan el baile al ciclismo para proporcionar un entrenamiento intenso que también es divertido.

Si tiene dificultades para cumplir con su rutina de ejercicios, puede intentar agregar algunas clases que le resulten divertidas. La moda del ejercicio de baile está explotando y puedes encontrar clases para este tipo de ejercicio en casi cualquier lugar. Los programas como Zumba Dance pueden ser bastante divertidos, por lo que atraen su atención y lo atraen cada vez más. Durante estas clases te divertirás tanto que ni siquiera te darás cuenta de que estás sudando y quemando grasas y calorías.

Algunas personas mayores pueden tener dificultades para soportar peso en sus articulaciones. Hay rutinas de ejercicio especiales que estas personas pueden utilizar. Un ejemplo de una forma de ejercicio en la que estas personas mayores aún pueden participar es el aeróbico acuático. Estos aeróbicos acuáticos generalmente tienen lugar en una piscina y permiten a las personas hacer ejercicio sin cargar demasiado peso en sus articulaciones. Te sorprendería lo bien que realmente funciona esta forma de ejercicio. También existe la opción de utilizar equipos de entrenamiento con contrapesos. Esta opción se usa muchas veces para rehabilitación física de lesiones. Permite que los músculos se tensen lo suficiente como para hacer ejercicio, pero no la fuerza suficiente para dañar las articulaciones o los músculos de las personas.

No importa cuáles sean sus objetivos de ejercicio, te aseguro que son realizables. Todo lo que necesita hacer es encontrar algún ejercicio que disfrute haciendo y antes de darse cuenta, comenzará a ver resultados positivos.

CAPÍTULO 4
IMPORTANCIA DE LA MOTIVACIÓN Y LA FAMILIA

El mayor problema que enfrentará en su viaje hacia un cuerpo más saludable a través de la dieta y el ejercicio probablemente será mantenerse motivado. A veces puede ser difícil continuar con su viaje, pero recuerde que es esencial para una vida mejor. Mantenerse motivado es vital si desea cumplir con sus planes.

Una cosa que seguramente lo ayudará a mantenerse motivado es pensar en todo el esfuerzo y el tiempo que ha dedicado a llegar lo más lejos posible con su dieta y rutina de ejercicios. No quieres tirarlo todo a la basura, ¿verdad? ¡Por supuesto que no!

Debes darte crédito por los objetivos que has logrado hasta ahora, así como por tu progreso hacia tus metas futuras.

Otra buena idea es utilizar a su familia y amigos como una forma de mantenerlo motivado. Puede ser difícil hacerse responsable a tiempo porque a su mente naturalmente le gusta minimizar las cosas. Su familia y amigos pueden ser una buena fuente de comentarios honestos. Sus seres queridos y amigos también tendrán un gran impacto en su pensamiento, si piensan que está comenzando a perder su motivación. En algunos casos, otras personas pueden motivarte más que a tú mismo. Esto es especialmente cierto si su salud está en riesgo si no continúa su dieta. Tus seres queridos deberían recordarte cuánto te aman y cuánto quieren que estés saludable. Esto te hará sentir egoísta si comienzas a relajar tu dieta o ejercicio y es probable que quieras retomar el camino.

Algunas cosas en esta vida no pueden ser logradas por usted solo y está bien buscar ayuda. Recuerde, no desea volver al punto de partida, así que sujétese rápidamente si resbala, para no tener que volver a subir.

Tenga en cuenta que un cuerpo hermoso tiene más que solo utilizar productos de bienestar efectivos. Debe estar en un programa preventivo total de atención médica y bienestar que incluya dieta, nutrición (haciendo hincapié en que su cuerpo obtenga los nutrientes adecuados) y ejercicio.

Mejorar su vida a través de una dieta saludable y ejercicio adecuado es posible. Recuerda, puedes hacer cualquier cosa que te propongas. Usted merece tener un cuerpo, espíritu y mente saludables. El único que puede dártela eres tú. Comience a trabajar en un futuro mejor para usted hoy, comience a comer alimentos más saludables y haga ejercicio regularmente. No te decepcionará con los resultados. Tenga en cuenta que un gran esfuerzo es recompensado con excelentes resultados.

CAPÍTULO 5
BENEFICIO DEL EJERCICIO

E l ejercicio funcional ofrece múltiples beneficios que pueden convertirse fácilmente en parte de su rutina diaria. Para convencerte aún más del poderoso impacto que la aptitud funcional puede tener en tu vida, aquí hay algunos beneficios que la aptitud funcional puede brindarte.

Agilidad En Movimientos Corporales

Cuanto más practiques, mejor serás en cualquier movimiento de ejercicio. ¿Recuerdas aquellos días cuando eras niño, cuando estabas trepando por los muebles tratando de descubrir cómo caminar? Por supuesto que no, ya que después de todo eras un bebé, pero es un ejemplo perfecto para este punto.

Cuando eras niño, siempre te habías caído, llorado un poco y luego volviste a tus intentos de levantarte y caminar. Cuanto más lo hiciste, mejor lo hiciste, ya que tu cuerpo se ajustó constantemente a las acciones. El mismo procedimiento ocurre cuando estás haciendo ejercicio. Cuanto más repita estas acciones, más se acostumbrará su cuerpo a ellas y más fácil será realizarlas.

Una vez que su cuerpo esté acostumbrado a estos movimientos, correr, agacharse, saltar y levantarse será mucho más fácil. Por eso es tan importante hacer que el estado físico funcional sea una parte diaria de su rutina. Si pierde el impulso de hacer ejercicio regularmente, también perderá la estabilidad y la consistencia de sus movimientos, e incluso puede sentir dolor mucho más rápido que antes.

La mejor parte de la aptitud funcional es que puedes comenzar en cualquier parte con ella. No hay grandes expectativas para cumplir o plazos para pagar las tarifas de suscripción mensual, solo sus propios objetivos personales y tiempo libre.

La aptitud funcional en su forma más básica a más intensa siempre seguirá siendo un entrenamiento de bajo impacto. Significa que los principiantes pueden comenzar a un ritmo fácil sin agotarse. Por otro lado, aquellos que ya lo tienen implementado en su horario fácilmente podrán acelerar su ritmo sin salir de su zona de confort.

Una vez que haya seguido el patrón de su rutina de ejercicios funcionales y tenga una idea clara de lo que es capaz, mantenerse en forma nunca será más fácil.

La práctica hace la perfección y esto se aplica a todo. Cuanto más hagas algo, más progreso tendrás para sucumbir lo mejor que puedas. Por lo tanto, para obtener el mejor rendimiento cada día con movimientos rápidos y constantes, el estado físico funcional es la mejor solución para hacer que su cuerpo sea ágil y tonificado.

Apoyo Más Fuerte Y Sistema Inmune

Aunque es posible que no te des cuenta de inmediato, cuando trabajas tu cuerpo se vuelve más fuerte. Es más resistente a los ataques sobre él. Ahora, cuando se dice ataque, esto no se refiere a eventos que amenazan la vida, solo a simples accidentes que pueden dañar su cuerpo.

Los rasguños y los moretones tendrán menos efecto en su cuerpo si hace ejercicio a diario. En lugar de tener un hematoma punzante en la rodilla durante días, puede doler durante unas horas y luego sentir una picazón irritante.

También podrás manejar un mayor impacto en tus músculos mientras estás en movimiento. Si correr y subir las escaleras fue un problema antes, hacer ejercicio puede ayudarlo a hacer que esos problemas desaparezcan.

Con cada entrenamiento, también sentirás una oleada de adrenalina corriendo por tus venas, lo cual es algo bueno. La adrenalina te da potencia extra y más resistencia. Cuando lo necesite, se le proporcionará adrenalina a un ritmo más rápido que si no hiciera ejercicio.

Junto con la acumulación de adrenalina, también existe la acumulación de resistencia. Con esto, podrá realizar acciones durante períodos más largos de tiempo y hacer más de lo que normalmente puede hacer. Si cargar los alimentos lo cansó antes, entonces, después de una buena forma física funcional, estará cargando más que las bolsas con facilidad en poco tiempo.

Cada día será mucho más fácil de conquistar cuando tu cuerpo sea más fuerte y resistente. También te sentirás más lleno de energía y confianza a medida que te fortalezcas. El estado físico funcional puede ayudarlo a mejorar su salud general en la vida cotidiana.

La aptitud funcional también puede abrir más puertas para usted. Puede probar nuevos deportes o pasatiempos que impliquen salir con mayor certeza. Con una versión más nueva y en forma, hay más cosas que puede hacer, más opciones que puede descubrir. La resistencia y la fuerza no son cosas que puede desarrollar de la noche a la mañana, pero una vez que las tenga, todos sus días cambiarán para mejor. Caminar hacia su trabajo parecerá menos complicado. Correr por la noche parecerá más divertido que irritante.

Aunque nunca podrás competir con los culturistas pesados haciendo ejercicio físico, puedes alcanzar un mayor potencial en eventos más materiales en la vida. Puede hacer mucho más cuando está funcionalmente en forma durante todo el día.

Verse Mejor, Sentirse Mejor

Una cosa que se les ha enseñado a todos desde la juventud es sentirse siempre bien consigo mismo. Aunque es posible que no te obsesiones demasiado con esta idea, en realidad es una mentalidad que cambia la vida, que puede diferenciar a un optimista y un pesimista. Pensar positivamente en ti mismo es la clave para una vida más feliz para la situación de cualquier persona. Antes de aceptar a alguien más, acéptate por lo que eres.

Si no puede hacer eso, hágase la persona que quiere ser y acéptelo. Si te sientes negativamente contigo mismo, será difícil ver a alguien más positivamente. La negatividad es una cualidad horrible, pero desafortunadamente es más contagiosa que la positividad.

Entonces, si caminas con la espalda encorvada y una expresión de mal humor todo el día, es muy probable que estés amargando la mañana de otra persona, incluso si esa no era tu intención. En lugar de ser el aguafiestas de la fiesta, trata de ser la vida de la fiesta. Conviértete en una persona más segura y más feliz trabajando en la parte más importante de tu vida, ¡tú mismo!

La aptitud funcional no es ese tiempo exigente. Todo lo que necesita hacer es honrar 15 a 30 minutos de su tiempo. La verdad es que la mayoría de las personas se vuelven conscientes de su físico en algún momento de su vida. Tal vez te golpeó en la escuela secundaria, tus compañeros de trabajo involuntariamente hicieron que los hombros anchos formaran parte del uniforme, o tus suegros lo señalaron un poco más fuerte de lo que deberían. En cualquier caso, la idea no es sentirse mal consigo mismo, sino sentirse motivado para hacer algo al respecto.

Con pequeños empujones al principio, los resultados comenzarán a deslizarse en sus jeans más fácilmente, se mostrarán debajo de sus viejos suéteres y camisas y harán que sus cinturones se caigan. Así que, para entonces, podrás trabajar más duro para obtener resultados más sólidos que realmente deslumbrarán a tus compañeros.

Aunque los pasos para llegar allí no son pequeños, son posibles y no son difíciles de caminar. Algunos excelentes resultados de la aptitud funcional son una mayor fuerza en las articulaciones y las extremidades, una mayor resistencia contra los impactos físicos y una mejor postura. Así es, con todo el trabajo que está realizando en sus articulaciones y extremidades, su postura se verá muy afectada. Una espalda más recta, un levantamiento valiente debajo de la barbilla y unos hombros fuertes provienen de unos cuantos minutos de ejercicio todos los días. ¿No es algo por lo que valga la pena trabajar?

CAPÍTULO 6
ENTRENAMIENTO CON EJERCICIOS FUNCIONALES

L a aptitud funcional se confunde comúnmente con cualquier ejercicio ordinario y se implementa en la mayoría de las sesiones de entrenamiento típicas sin que nadie se dé cuenta de lo que es. El hecho es que hay una diferencia entre el estado físico funcional y otros ejercicios. Aunque la línea entre ellos puede no ser completamente distinguible en este momento, todo se aclarará con las siguientes comparaciones entre la aptitud funcional y otros tipos de ejercicios con los que puede estar familiarizado.

Las rutinas de entrenamiento funcionales son bastante similares al levantamiento de pesas en varias formas. Obtendrá el cuerpo y la apariencia que desea, y muy probablemente más que los de una rutina de ejercicios normal.

En el gimnasio puede ser un derecho para presumir, o cuando comienzas una conversación sobre tus pasatiempos principales. Sin embargo, cuando se trata de trabajar en casa, levantar una caja del piso puede lastimar la espalda dolorosamente.

La idea con el ejercicio es hacer que las tareas que realiza cada día sean más fáciles y menos complicadas de realizar. De manera constante, cada tarea se vuelve más fácil a medida que mejora. La mentalidad correcta al ejercitarse es enfocarse más en preparar tu cuerpo para una mejor salud, movilidad y capacidad de manejar actividades diarias con facilidad.

Los objetivos de aptitud funcional, si no todos, son la mayoría de los músculos que usa a diario. Al fortalecerlos gradualmente a través de una serie de ejercicios, se vuelven más eficientes y se desempeñan en mayor grado. Cuando levantas pesas, solo te enfocas en fortalecer esos músculos que te ayudarán a levantar los pesos pesados. Esto está bien siempre y cuando solo estés planeando usar esos músculos para levantar objetos pesados.

El problema principal cuando se trata de levantamiento de pesas es la forma en que lo haces. Estás apoyado en una posición sentada o acostado, una postura estable que no dañará el resto de tu cuerpo. Después de levantar pesas durante bastante tiempo, los músculos de los levantadores de pesas se acostumbrarán a este mismo patrón de movimiento para ser más eficientes con sus levantamientos. Sin embargo, cuando se trata de cualquier otro ejercicio no convencional fuera de sus patrones de levantamiento habituales, a menudo luchan.

Cuando entrena solo en su propia casa, tiene el lujo de la comodidad y la soledad. Todo lo que estás haciendo se adapta a tus necesidades. Todo lo que tiene que hacer es crear un entorno adecuado para el ejercicio físico y estar en camino hacia un estilo de vida saludable. La creación de su nueva persona se realiza con su mano, lo cual es una presión sobre nadie más que usted mismo.

¿Qué pasa cuando te ejercitas en grupo? En un grupo tienes un instructor, que es un gran profesional ya que saben lo que están haciendo y enseñando. Cuando trabajas con un instructor profesional, hay un mayor ambiente de motivación para soportar los entrenamientos y así obtener una mejor apariencia junto con un cuerpo más saludable. Esas personas a su alrededor podrían ser amigos o al menos conocidos que quieran lograr el mismo objetivo que usted, creando un ambiente amigable.

El entorno en sí es uno cuidadosamente diseñado para satisfacer las necesidades de un entrenamiento. Entonces tiene el espacio, los colegas y el instructor adecuado. Suena genial hasta ahora.

Ahora cuando trabajas en un grupo, la restauración no es personal y generalizada, por lo que se ajusta a una demanda popular. Su demanda puede no ser popular y puede encontrar dificultades para mantenerse al día con la multitud.

Cuando trabajas solo, el entrenamiento se puede adaptar para satisfacer todas tus necesidades y avanzar a tu propio ritmo en lugar del ritmo de los demás. Así que tenga en cuenta todo el tiempo, qué es lo que está buscando en sus entrenamientos, para decidir de manera definitiva qué es lo que necesita.

CAPÍTULO 7

ERRORES COMUNES AL COMENZAR A EJERCITARSE

El estado físico funcional es una excelente manera de ponerse en forma, siempre y cuando lo esté haciendo bien. Si estás confundido, entonces la forma más fácil de decirlo es que puedes hacer un mal trabajo.

Hay muchos errores comunes que la mayoría de las personas cometen cuando comienzan a hacer ejercicio por sí mismas o incluso cuando comienzan en un gimnasio. Entonces, antes de comenzar su propia rutina, asegúrese de investigar un poco y aprender las formas correctas de ejecución.

Una Rutina Diaria

Un error que las personas tienden a cometer con demasiada frecuencia es hacer el mismo ejercicio todos los días. Si haces esto, nunca obtendrás el tono y el cuerpo ideal que deseas. Sí, con el tiempo estas sesiones de entrenamiento serán más fáciles y sentirás la fuerza en tus extremidades mientras haces esto, pero observa cómo te desmoronas cuando tienes que intentar un entrenamiento diferente.

Su cuerpo está formado por muchas extremidades, músculos, huesos y articulaciones. Si no trabajas en todas estas partes de tu cuerpo por igual, terminarás con un desequilibrio en tu fuerza y resistencia que no resultará en nada bueno.

Cualquier buen ejercicio tendrá múltiples acciones que se enfocarán en músculos específicos de su cuerpo. Cuando combina los cuatro componentes principales de la aptitud física (discutidos en capítulos posteriores) obtiene el equilibrio adecuado entre todo lo que su cuerpo necesita.

Lamentablemente, esto no es tan fácil como armar un rompecabezas. En cambio, es más como tener que hacer rompeca-bezas más pequeños primero para hacer uno más grande. Una vez que se ha com-pletado un componente, pasa al siguiente. Este es un proceso oportuno que no se puede abordar en un solo entrenamiento.

Entonces, cuando un entrenamiento se enfoca en cardio y tal vez en el desarrollo muscular, otro entrenamiento que haces durante la semana puede enfocarse más en el estiramiento. Sigue cambiando tus ejer-cicios en lugar de hacer el mismo cada día. Tómelo con calma, solo cambie su rutina cuando sepa que puede manejar nuevos movimientos y desafíos.

Si cambia constantemente su ejercicio diario, cubrirá más terreno más rápido y extenderá la fuerza que se aproxima a todas las partes de su cuerpo. Hacer sólo un tipo de ejercicio te cansará y no ayudará adecuadamente a tu cuerpo a desarrollarse de la manera que hubieras querido.

Te Debe Gustar Lo Que Haces

Algunas personas hacen ejercicio porque sienten que tienen que hacerlo sin otra opción. Nadie puede determinar realmente su propia situación como usted, pero esta es la mentalidad equivocada. Nunca debes abordar tus sesiones de entrenamiento con resentimiento. Siempre mira tus entrenamientos con optimismo y confianza.

Si quiere hacer ejercicio, hágalo por usted mismo, no para la satisfacción de nadie más. Si siente que está siendo presionado para hacer ejercicio, los resultados nunca lo satisfarán, incluso si logra su objetivo.

Tienes que disfrutar algo para lograr cualquier cosa. Si no te gusta cocinar, nunca disfrutarás de una comida, incluso si dominas la receta. La victoria siempre es más dulce cuando tienes azúcar, no sal.

Comienza a ejercitarte cuando te sientas bien haciendo ejercicio. Realiza entrenamientos que te hagan sentir seguro de que tienes lo necesario para hacer el cambio que necesitas. Si no le gustan las críticas, las comparaciones o el juicio de los demás, no vaya al gimnasio. No necesita estar en una multitud para obtener la motivación que necesita para comenzar a levantar pesas y correr por las noches.

Toda su motivación debe ser positiva, no negativa. Cuando tienes una motivación positiva, significa que estás siendo avanzado por el logro que recibirás. Cuando tienes una motivación negativa, significa que estás impulsado por las consecuencias de no actuar. No tengas miedo de lo que la gente va a decir y hacer si no haces ejercicio, piensa en todas las buenas respuestas que obtendrás al hacerlo. Recuerda lo feliz que serás cuando finalmente llegues a donde quieres estar. Mantén todos tus pensamientos positivos y no solo te sentirás bien, sino que pronto también te verás bien.

Hacer Dieta

Otro de los errores más comunes que cometen las personas cuando comienzan, ¡creen que tienen que comenzar a hacer dieta! No importa lo que la ciencia y los programas de salud de televisión traten de decirle, la dieta no es la solución perfecta para problemas de peso. Hoy en día, las personas se están dando cuenta de que las dietas en realidad te limitan demasiado.

Cuando comienzas a hacer dieta, trabajas con eliminación o restricción. Este nunca debería ser el caso. Come tanto como puedas permitirte. Tenga un balance de todo lo comestible que hay. Nada debería impedir que comas lo que deseas.

Solo ten un equilibrio con lo que comes. La mayor parte de su dieta normal debe consistir en alimentos de procedencia natural y saludable, cualquier refrigerio que su glotonería anhela puede satisfacerse de vez en cuando. No hay problema con tener un regalo después de un tiempo. Mantenga el control sobre la cantidad de comida chatarra que consuma y vigile cuidadosamente su comida para asegurarse de que lo bueno siempre supere este presente, y lo malo paulatinamente desaparezca.

Hacer ejercicio no hace que la dieta sea obligatoria. En todo caso, significa que tienes que mantenerte energizado con más frecuencia. Anhelarás más comida una vez que comiences a ejercitarte y ese antojo es uno que querrás satisfacer. Si no, te volverás gruñón, hambriento y tu actitud hacia el ejercicio no será muy positiva.

Ejercitarse Sin Objetivos

No hay carrera que ganar si no hay línea de meta. Siempre debe trazar sus objetivos antes de comenzar a trabajar en un proyecto.

En este caso, el proyecto es usted mismo y debe establecer algunos objetivos sobre lo que desea hacer. Exponga su objetivo y déjelo claro a usted mismo, de lo contrario, podría estar corriendo en la dirección equivocada.

Una vez que creas que tienes una meta, establece tus pasos para llegar allí. No puedes esperar poder dar el salto desde tu lado hasta la línea de meta. Haz el puente y cruza una ficha a la vez. Es un proceso oportuno, que le garantizará el éxito que desea. Es mejor avanzar a un ritmo decente en lugar de fallar y tener que reiniciar todo el proceso.

Primero, trata de perder peso. Apunta a algo que esté en forma y saludable. Ve por al menos 5 o 10 kilos menos de lo que eres ahora. Para cuando haya alcanzado ese objetivo, se habrá acostumbrado a la fatiga y la tensión después de una sesión de entrenamiento fuerte. También comprenderá mejor cuánto puede manejar y dónde no se puede exceder el límite.

Luego, intenta apuntar a otro objetivo. Al principio, busca tonificar tus músculos para que puedas entender cuánto tiempo te lleva. Una vez que tenga una idea más clara, puede comenzar a trabajar duro hasta el destino final.

Todo esto llevará una cantidad de tiempo decente, así que no te rindas si los resultados no se muestran después de semanas, o tal vez incluso un mes. Vendrán pronto y una vez que lo haya hecho, habrá valido la pena todo el tiempo y el esfuerzo.

CAPÍTULO 8
LA POTENCIA EN TU ENTRENAMIENTO

Cuando piensa por primera vez en la palabra poder, puede pensar en la palabra fuerza. Sin embargo, cuando se trata de hacer ejercicio, este no es el caso. El poder y la fuerza son dos aspectos diferentes, cada uno dirigido e influyendo en diversas partes del cuerpo.

¿Qué Es El Poder?

El poder se refiere a tu velocidad para hacer algo. Cuando realiza un acto a alta velocidad y fluidez, como saltar y correr, esto se conoce como su potencia.

El poder tiene otro significado en otras situaciones, como el poder o la influencia que tiene sobre alguien o una determinada situación, pero esto no se aplica al ejercicio.

Cuando dices que alguien es poderoso en términos de su físico, te refieres a la velocidad que le toma a alguien hacer algo.

Para aclarar este punto, considere lo siguiente: cuando eres capaz de hacer 50 flexiones de forma continua, se te considera fuerte debido a esta capacidad. Si puedes hacer 50 flexiones en dos minutos, serías considerado fuerte. Pero si la persona que está a tu lado puede hacer 50 flexiones en la mitad de ese tiempo, se consideraría más poderosa que tú.

Lo mismo se aplica incluso cuando compites en deportes. En natación, si usted y otra persona solo pueden hacer 5 vueltas de una vez, ambos son tan fuertes como el otro. Pero si la persona que nada junto a ti puede hacerlo en siete minutos mientras que tú lo haces en diez, es más poderoso que tú.

Puedes tener el mismo nivel de fuerza que alguien, pero no el mismo nivel de poder. Tener la misma cantidad de fuerza que alguien no es tan difícil de lograr como piensas. Sin embargo, cuando se trata de tener la misma cantidad de poder, se vuelve muy difícil encontrar a alguien exactamente en el mismo nivel que tú.

Sin embargo, no te hagas una idea equivocada, el poder y la fuerza están conectados. El poder en realidad es una combinación de velocidad y la fuerza que tienes para hacer algo. Sin la fuerza adecuada, no tendrás ningún poder para ejercer.

También encontrará que durante un período de tiempo, perderá su poder más rápido de lo que pierde su fuerza. Esto se debe a que las horas extras de su cuerpo se ajustan a la fuerza que tiene, pero a medida que la forma original de su cuerpo se deteriora con los años, sus articulaciones y músculos no reaccionan tan rápido como lo hubieran hecho antes.

La forma más común de mejorar su poder sería aplicando pesos más pesados a su entrenamiento para que pueda realizar sus acciones con mayor resistencia.

Para comprender mejor por qué necesita mantener su nivel de poder, piense en todos los lugares donde necesita ser más rápido y tener más velocidad.

Con el poder llega más tiempo valioso a tu alcance. ¿Cómo es eso? Piensa en todas las cosas que tienes que hacer en un día. Hay algunas cosas que inevitablemente tomarán tiempo, como conducir durante el tráfico, esperar en el elevador y mantener su lugar en la fila durante la hora pico en el café. Pero durante el día, hay cosas que puede controlar, como subir las escaleras, caminar o incluso prepararse por la mañana.

Si puede mejorar las acciones sobre las

que tiene control todos los días, puede ahorrar más tiempo y energía para aquellas cosas que están fuera de su control. Con más tiempo también tendrás más resistencia para el resto de tu día. Algunas personas son expulsadas después de su rutina diaria de la mañana y si ese eres tú, entonces no hay forma de que pases el día con un principio positivo energizado.

Es por eso que necesita energía durante todo el día. No tienes que ser un hombre fuerte para tener poder. Cualquier persona común puede mejorar su poder para convertirse en una versión mejor y más eficiente de sí misma. A través de entrenamientos progresivos puedes mejorar tu rendimiento.

CAPÍTULO 9
LA FUERZA Y EL ENTRENAMIENTO

El siguiente en la lista de componentes es la fuerza. La fuerza es a lo que la mayoría de la gente tiende a prestar atención, aunque no es lo único que te hace una persona más fuerte en general. La fuerza es la base que desea que sea sólida y confiable para poder construir sobre ella.

¿Qué Es La Fuerza?

La fuerza se ha mencionado bastante anteriormente, pero aún no se ha definido totalmente. La fuerza, cuando se trata de aptitud física, se define como ejercer fuerza contra algún tipo de resistencia.

Cada uno tiene su propio nivel de fuerza; en tu vida diaria, si prestas mucha atención a todo lo que haces, te darás cuenta de que hay muchas ocasiones en las que aplicas fuerza.

También notarás que no toda la fuerza es igual. Hay diferentes tipos de fuerza que aplicas todos los días, y estas son:

1. Máxima resistencia. Esta es la mayor cantidad de fuerza que puedes ejercer de una vez. Al rodar el trineo por el tobogán, querrás usar tu fuerza máxima para obtener el mejor empuje hacia abajo para más diversión. Es todo lo que puedes hacer en este momento y si tienes grandes niveles de fuerza, es muy divertido en la ladera.

2. Resistencia elástica. Este necesita un poco más de explicación. Piense en una banda elástica y qué tan rápido reacciona cuando la suelta. Reacciona de manera similar a un latigazo cervical, para un impacto rápido y extremadamente resistente. Cuando tienes fuerza elástica, significa que eres capaz de reaccionar a la resistencia con una contracción rápida o elástica.

3. Fuerza de resistencia. Esta es la capacidad de repetir una acción una y otra vez con la misma consistencia. Piense en un jugador de béisbol, principalmente mirando al lanzador. Cada vez que lanzan la pelota, se espera que la lancen a la misma velocidad y fuerza que la última vez que lo hicieron antes. Aquí es donde notarás su fuerza de resistencia.

Todos estos tipos de fuerza tienen sus propios ejercicios enfocados que ayudan a mejorar su durabilidad en estos campos. Sin estas fortalezas, habría muchas cosas que no podría hacer. Todos también pueden estar especializados. Por lo tanto, si solo trabaja en su fuerza y resistencia, es posible que no tenga una fuerza elástica óptima.

Cuando se trata de todo el entrenamiento de fuerza, te enfocas en los músculos conectados directamente a tus huesos. Estos son los músculos que trabajan directamente con sus movimientos y, por lo tanto, tienen un mayor impacto en qué tan fuerte es el resultado de su movimiento.

El entrenamiento de fuerza es a menudo el primer elemento en cualquier lista de ejercicios, ya que es la base de toda habilidad física. Cuando tenga una base lo suficientemente sólida, puede pasar a otros ejercicios focales que centren otros objetivos a tratar.

Si el entrenamiento de fuerza no es lo que apuntaste principalmente, entonces puedes encontrar problemas con otros entrenamientos que se especializan en otros aspectos.

No Tienes Que Ir Al Gimnasio Para Ser Fuerte

La fuerza se aplica a todos los aspectos de nuestra vida. Puedes ser emocionalmente fuerte, mentalmente fuerte, socialmente fuerte y más. En este caso, te estás concentrando en tu fuerza física. La fuerza física se usa en cada movimiento que haces. Cuando caminas, corres, saltas, levantas y empujas, estás usando tu fuerza para hacerlo.

Al levantar cajas grandes, utilizará su fuerza máxima al recoger una. Después de eso, es el mantenimiento de su nivel de fuerza, llevar la caja a donde debe estar. Si realiza esta acción una y otra vez, utilizará su resistencia a la fuerza para resistir la tensión constante creada por los pesos adicionales.

Si, por ejemplo, la caja se desliza de tus manos mientras caminas, usarías tu fuerza elástica para estabilizar tu agarre. Tan pronto como la caja comience a resbalar, su tiempo de reacción y la fuerza elástica trabajarán juntos para asegurarse de que no deje caer la caja por completo.

Todas sus fortalezas trabajan juntas todos los días para asegurarse de que siempre esté listo para soportar la carga del día.

Otra cosa a tener en cuenta es que no toda la fuerza se entrena con pesas, sino principalmente la resistencia. Hacer una pausa entre tus ejercicios y repetir acciones intensamente son excelentes maneras de mejorar tu rendimiento. Los entrenamientos básicos y las sesiones complejas con una mayor variedad cubren todos los músculos que necesita para aumentar el volumen al hacer ejercicio.

Los entrenamientos de fuerza nunca deben ser intensos cuando comienzas. Deben ser entrenamientos fáciles de bajo nivel con una variedad mínima. Tu cuerpo necesita acostumbrarse al nuevo impacto que el entrenamiento te dejará. Es posible que tenga que tomar un descanso durante los próximos 1 o 2 días si comienza de nuevo.

El ejercicio de fuerza siempre debe apuntar a todo tu cuerpo. Dado que la fuerza debe ser la base para todas sus actividades físicas, es mejor si bombea sangre a todas las partes del cuerpo y está listo para la acción de una sola vez.

La mayoría de los movimientos de ejercicio que enfatizan la fuerza recomendarán el uso de pesas. Entonces, cuando se trata de crear una rutina de ejercicios de gran fuerza, las pesas, las bandas de resistencia y las pelotas de yoga son la clave para encontrar la forma correcta de probar realmente sus límites.

CAPÍTULO 10

¿QUÉ ES EL RANGO DE MOVIMIENTO?

El rango de movimiento se define como la medición del movimiento alrededor de una parte específica del cuerpo.

Piensa hasta dónde puedes estirar la pierna sobre las escaleras. Es posible que pueda estirar la pierna al segundo paso, puede llegar al tercero. Si eres lo suficientemente alto, estírate hasta el cuarto pero ten en cuenta que estás usando tu rango de movimiento mientras haces esto.

El rango de movimiento puede asociarse con su flexibilidad, pero no son lo mismo. La flexibilidad son los movimientos abstractos que su cuerpo puede realizar. El rango de movimiento es literalmente el rango de cuán lejos puede llegar. Entonces, cuando trabajas en tu flexibilidad, también trabajas en extender tu rango de movimiento.

Su rango de movimiento es lo que le permite extender su alcance y mantener sus extremidades vivas, listas y siempre con movilidad. Su rango de movimiento se relaciona con qué tan bien puede moverse, qué tan lejos puede llegar su alcance. Ser fuerte es genial, pero si no puedes alcanzar el estante superior sin estirar un músculo, entonces te estás perdiendo algunos ejercicios vitales. Esto viene principalmente de estiramientos. De vez en cuando, debe estirar las extremidades en todas las direcciones donde pueda ir cómodamente. De esta manera, mantiene su rango de movimiento. El rango de movimiento es tan fácil de perder como tu poder. Una vez que ha perdido el flujo o la rutina de fortalecerlo, es realmente difícil recuperarlo.

El rango de movimiento puede no parecer tan importante por sí solo, pero combinado con los otros componentes de la aptitud funcional, realmente hace la diferencia entre una persona y otra. Es posible que tengas un poder y una fuerza inmensos, pero sin un movimiento de alcance decisivo, nunca serás el mejor corredor ya que tus piernas no están acostumbradas a dar pasos tan grandes.

Con potencia y fuerza, puedes correr constantemente a un ritmo rápido, lo cual es bueno. Para mejorar, mejoraría la longitud de su zancada estirando las piernas durante los ejercicios.

Nunca piense en los componentes de la aptitud funcional como movimientos de aislamiento, ya que requieren múltiples sinergias musculares para realizar cada ejercicio. Cuando trabajan juntos, crean una base fuerte y sólida en la que puede confiar todos los días.

El rango de movimiento se aplica a todo lo que haces, aunque es posible que no lo notes en tus acciones diarias. Cuando te estiras para alcanzar algo en lo alto, cuando das un paso más largo para no pisar un charco, cuando te arrodillas para encontrar algo escondido debajo de tu cama, todos son ejemplos de rango de movimiento en tu vida.

Cuando trabajas en tu rango de movimiento, no solo trabajas en extender tu alcance, sino también en hacerte más fácil llegar más lejos.

Piense en el rendimiento deportivo que puede aportar a las actividades diarias. Será más fácil correr, saltar y caminar a un ritmo más rápido. Puedes estirarte por encima y por debajo de ti sin esfuerzo. Las acciones en general se vuelven mucho más fáciles.

El rango de movimiento no es algo en

lo que trabajes solo. Se interpreta con todo lo que haces en la vida real y en tu sesión de entrenamiento. Aunque encontrará entrenamientos que expresan que son principalmente entrenamientos de rango de movimiento, en realidad tendrán es un punto focal secundario que además entrena su rango de movimiento.

La mejor parte de entrenar tu rango de movimiento es que puede ser tan fácil como estirarte por la mañana. Después de despertarse, gire hacia un lado de la cama y estire los brazos sobre la cabeza. Agita un poco las piernas y arquea la espalda. Todo esto puede ayudarlo día a día para que su alcance sea un poco mejor que ayer.

Tener una sesión de yoga. Salir a correr. Hacer las cosas más pequeñas puede ayudar a su rango de movimiento. Cuanto más lo hagas, mayor será su desarrollo. Entonces, siempre y cuando lo sigas haciendo todos los días durante incluso 15 minutos, sentirás y verás la diferencia.

CAPÍTULO 11
ADQUIRIENDO EQUILIBRIO Y RESISTENCIA

Estos dos trabajan juntos en todas las formas y ayudan a mejorar todo lo que puede hacer. El equilibrio y la resistencia tienen definiciones separadas. El equilibrio se define como su capacidad para controlar, manejar y administrar el movimiento de su cuerpo. Hay dos tipos de equilibrio a considerar, esos son su equilibrio estático y su equilibrio dinámico. El equilibrio estático se refiere al equilibrio que debe adquirir mientras está estancado, completamente quieto; esto es más fácil de aprender a controlar que el dinámico, que es su nivel cuando está en movimiento.

Una adición al equilibrio sería la coordinación, que es una teoría muy importante en el estado físico. La coordinación es la capacidad de hacer dos o más cosas a la vez, mover su cuerpo de dos o más formas diferentes con fluidez y eficiencia. El equilibrio y la coordinación van de la mano.

La resistencia, es la capacidad de los músculos y el cuerpo de permanecer activos durante un período prolongado.

Juntos, el equilibrio y la resistencia ayudan a crear un límite de tiempo establecido de cuánto tiempo puede hacer algo. Con un buen equilibrio y resistencia estándar, estará activo durante un largo período de tiempo.

Con la cantidad adecuada de fuerza, tienes una base sólida para convertirte en una persona en forma. Su fuerza lo ayudará a soportar toda la moderación que experimentará mientras hace ejercicio.

El poder es la velocidad que puedes aplicar a tus entrenamientos para manejarlos más rápido y con más fuerza. El poder te ayuda a aumentar tu fuerza para que puedas ejercitarte más, ayudándote a alcanzar esa repetición extra o ese kilo de más que deseas colocar.

Tu rango de movimiento, te ayudará a llegar más lejos en un período de tiempo más corto. No confundas potencia y rango de movimiento. El poder lo llevará más rápido, el rango de movimiento lo llevará más lejos. Juntos crean un dúo de extrema utilidad.

Finalmente está tu equilibrio y resistencia. Son los componentes que le dan un límite de tiempo sobre cuánto puede durar con el máximo rendimiento. Hay un límite para todo y eventualmente te desgastarás. Póngalos todos juntos y tendrá todas las piezas para crear el rompecabezas completo perfecto para comprender su salud personal maximizada.

Balance Y Resistencia En Tu Vida Diaria

El ejemplo más simple y fácil de relacionar debería ser al subir las escaleras. Mientras sube las escaleras, cada momento que levanta el pie es una fracción de segundo de equilibrio momentáneo. Sin ese equilibrio, irías cayendo por las escaleras.

En este caso, también necesitarías la resistencia para seguir subiendo tramos de escaleras. Con la cantidad adecuada de resistencia, puedes subir toda la escalera, pero sin ella estarás jadeando después del tercer escalón.

El equilibrio y la resistencia son en realidad dos cosas que no puedes notar con facilidad. Estos dos atributos siguen mejorando diariamente y contrayéndose al mismo tiempo. Cuanto más hagas en un día, mejor serás mañana. Cuanto menos hagas hoy, menos podrás hacer mañana.

No hay una manera perfecta de hacer ejercicio. Todos tenemos diferentes necesidades y requisitos, por lo que siempre se siguen son objetivos y ambiciones diferentes.

Averigua qué es lo que más quieres de cualquier programa de ejercicios. Sus objetivos se pueden lograr fácilmente siempre que conozca su "por qué" y se dedique a ello, por lo que nunca vacile en sus creencias y tómelo de la manera lenta y simple, la aptitud funcional lo ayudará a hacer eso. Con todo el esfuerzo que pones en ti mismo, la cantidad correcta de equilibrio en todo lo que haces y el coraje para avanzar sin importar lo que pase, seguramente obtendrás lo que necesitas al final.

Para correr, primero debes aprender a caminar. Para detenerse, primero debe comenzar. Para una salud y funcionalidad óptimas, la condición física funcional es la respuesta que ha estado buscando.

CAPÍTULO 12
EJERCICIOS BÁSICOS

L a actividad física se especifica como un movimiento que exige la contracción de los músculos. Cualquiera de las acciones que realizamos a lo largo del día que exigen movimiento (limpieza, jardinería, caminar, subir escaleras) son ilustraciones de actividad física.

El ejercicio es una forma particular de actividad física, actividad física planificada y con un propósito que se ejecuta con la intención de mejorar su estado físico u otras ventajas de salud. Hacer ejercicio en un gimnasio, nadar, andar en bicicleta, correr y practicar deportes, como el golf y el tenis, son todos, un tipo de ejercicio.

¿Cómo puede saber si una acción

se considera moderada o vigorosa
en el nivel de intensidad?

Si puedes hablar mientras lo ejecutas, es moderado. Si tiene que detenerse para recuperar el aliento después de decir simplemente un par de palabras, es vigoroso.

Dependiendo de su nivel de condición física, un juego de tenis de dobles probablemente sería moderado en nivel de intensidad, aunque un juego de individuales podría ser más vigoroso. Además, el baile de salón sería moderado, sin embargo, el baile aeróbico podría considerarse vigoroso. Una vez más, no es simplemente su elección de actividad, es cuánto esfuerzo requiere hacerla.

Idealmente, un régimen de ejercicio debe incluir elementos diseñados para mejorar cada uno de estos componentes:

Resistencia cardio-respiratoria

Mejore su resistencia respiratoria, su capacidad para practicar aeróbicos, a través de acciones como caminar rápido, trotar, correr, andar en bicicleta, nadar, saltar la cuerda, remar o esquiar a campo traviesa. A medida que alcance los objetivos de distancia o nivel de intensidad, reiní004002cielos más alto o cambie a una acción diferente para seguir desafiándose.

Fuerza muscular

Puede mejorar la fuerza muscular de manera más eficiente al levantar pesas, o utilizando máquinas de elevación.

Endurecimiento muscular

Mejore su resistencia con calistenia (ejercicios de acondicionamiento), entrenamiento con pesas y acciones como correr o nadar.

Flexibilidad

Trabaje para mejorar su nivel de flexibilidad a través de ejercicios de estiramiento que se realizan como parte de su ejercicio o mediante una disciplina como el yoga o el pilates que contiene estiramientos.

Aunque es posible manejar todos estos factores de condición física con un estilo de vida físicamente activo, un programa de ejercicios debería ayudarlo a lograr ventajas aún mayores.

Aumentar la cantidad de actividad física en su vida diaria es un gran comienzo, como estacionarse a un par de cuadras de su destino para caminar un poco. Sin embargo, para lograr realmente los objetivos de acondicionamiento físico, deberá incorporar acciones estructuradas y vigorosas en su horario para ayudarlo a lograr aún más sus objetivos de acondicionamiento físico, y por ende una mejor salud.

CAPÍTULO 13
ESTABLECIENDO OBJETIVOS

Comenzar o volver a una rutina de ejercicios implica más que simplemente programar sus ejercicios y unirse a un gimnasio. De hecho, es totalmente posible inscribirse en un gimnasio y nunca ir, incluso cuando esos pagos mensuales aparecen en su extracto bancario. Entiendo esto porque lo he hecho un par de veces en mi vida. Cumplir con sus objetivos requiere un par de trucos mentales para ayudarlo a mantenerse, centrado y motivado.

El momento es una parte central del ejercicio uniforme. Es normal tener esas semanas cuando todo va bien, haces todos tus ejercicios, comes como un loco de la salud y comienzas a pensar que puedes lograr esto por completo. Debes ser constante, si abandonas por algún momento, volver es constantemente difícil, en parte porque has perdido ese impulso. Ya nos damos cuenta de que un objeto en reposo tiende a permanecer en reposo, por lo que volver a ponerse en marcha es la única forma de hacer que tu impulso se mueva.

En lugar de preocuparse por recuperar el tiempo perdido con ejercicios intensos, céntrese simplemente en dedicar algo de tiempo al ejercicio. Planifique sus ejercicios para la semana y siéntase exitoso por cumplirlos.

Cómprate algo como un nuevo par de zapatillas para correr o unos pantalones cortos excepcionales para usar en el gimnasio. Si tiene problemas para volver a ello, obtenga un nuevo atuendo o descargue algunas canciones nuevas a su reproductor de MP3 para que tenga algo que esperar.

Haga una cita para hacer ejercicio con un conocido o llame a su gimnasio y haga una consulta gratuita con un entrenador personal. Incluso si no inicia sesión, volver al entorno de ejercicio puede ser justo lo que necesita.

Si la idea de volver a los ejercicios aburridos del gimnasio te hace querer morir, haz algo completamente diferente. Regístrese para una clase local de baile o regístrese en un nuevo estudio de yoga. Un cambio de escenario y una nueva actividad pueden refrescarte y rejuvenecerte. En ocasiones hay que probar con variedad hasta conseguir esa actividad que te gusta, y a la cual asistes con emoción.

Imagine que está en una fiesta y se ha prometido a sí mismo que no devorará el buffet. Luego ves una gran mesa de quesos, la más bonita que jamás hayas encontrado. Muchas horas después, sintiendo que comienza la resaca de queso, promete compensarlo mañana con un largo entrenamiento.

Hay algunos problemas con este enfoque, en primer lugar, no puede deshacer lo que consumió la noche anterior y, en segundo lugar, suicidarse con un ejercicio no es una buena respuesta, ya que le hace odiar aún más el ejercicio, su cerebro asume que es un castigo por darse un gusto.

Si está ocupado viviendo en los errores de ayer, muchas de sus decisiones se basarán en la culpa y la vergüenza en lugar de lo que realmente quiere (y necesita) lograr para alcanzar sus objetivos. El cambio real proviene de las elecciones del día a día, volverse consciente y basar sus elecciones en lo que necesita ahora (en lugar de lo que hizo o no hizo ayer) hará que su vida de ejercicio sea mucho más aceptable.

CAPÍTULO 14
ESTRUCTURAR UN PLAN DE EJERCICIOS

Tomarse el tiempo para realmente sentarse y hacer un horario concreto es el primer paso esencial para construir el cuerpo que desea. A continuación viene la difícil tarea de seguirlo cada semana, pero ese es un tema diferente para un día diferente, por ahora vamos a centrarnos en preparar un programa de entrenamiento.

Armar Un Plan

• Comience con un calendario semanal y determine cuántos días de la semana está dispuesto a hacer ejercicio.

• Elija qué tipo de entrenamiento en particular desea realizar. Por ejemplo, el entrenamiento cardiovascular lo ayudará a perder grasa, mientras que levantar pesas formará músculo.

• Dedíquese a hacer ejercicio de acuerdo con su plan. Este es el paso más crucial.

• Respete su horario durante al menos un mes. Las ganancias que verá después de 4 semanas deberían ser decentes para mantenerlo motivado a querer continuar.

Entrenamiento Cardiovascular

• Integre sesiones de entrenamiento de 30 minutos en su horario. 30 minutos de entrenamientos diarios son suficientes para la mayoría de las personas.

• Decide una especie de entrenamiento cardiovascular para un día particular de la semana. Utilizar una cinta de correr o una máquina para subir escaleras, trotar, andar en bicicleta y nadar son formas eficientes de ejercicio cardiovascular.

• Recuerde calentar y estirarse activamente durante cinco a diez minutos antes de comenzar cualquier actividad.

• Entrena a un ritmo moderado durante veinte minutos.

• Haga un seguimiento con un enfriamiento de cinco minutos.

• Cambie su horario para adaptarse a períodos de entrenamiento más largos si es adecuado.

• Cumpla con su horario.

Entrenamiento Con Pesas

• Permita sesiones de entrenamiento de treinta a sesenta minutos para pesas. Si no pasa mucho tiempo socializando o descansando durante su entrenamiento, puede realizar una gran sesión de levantamiento en ese tiempo. No descanse más de sesenta segundos entre series.

• Comience haciendo entrenamientos

totales del cuerpo destinados a acondicionar cada grupo muscular principal (parte superior del cuerpo, parte inferior del cuerpo, abdomen y espalda). El desarrollo equilibrado es extremadamente crucial para un cuerpo estilizado.

• Divide tus entrenamientos para convertirte en un levantador con más experiencia. Esto le permitirá centrarse mejor en grupos y áreas musculares particulares. Una división básica que se dirige a cada grupo muscular principal es: pecho y bíceps, espalda y tríceps, hombros y piernas, todos estos con días de descanso entre sesión; los abdominales y el cardio deben ser a diario.

• Descanse sus músculos entre sesiones. Permita que cada grupo muscular descanse al menos un día entre sesiones. Sus músculos no pueden crecer ni tonificarse a menos que tengan tiempo para descansar y remendarse.

- Adapte su agenda para cumplir mejor sus objetivos.

- Cumpla con su horario de entrenamiento.

CAPÍTULO 15
ASEGÚRATE DE CALENTAR

Muchos atletas realizan algún tipo de calentamiento y enfriamiento durante el entrenamiento y las carreras. Un calentamiento adecuado puede aumentar el flujo de sangre al músculo en funcionamiento, lo que resulta en una disminución de la rigidez muscular, un menor riesgo de trauma y un rendimiento mejorado. Las ventajas adicionales del calentamiento incluyen la preparación fisiológica y psicológica.

Ventajas De Un Calentamiento Adecuado

Temperatura muscular modificada: la temperatura aumenta dentro de los músculos que se utilizan durante una rutina de calentamiento. Un músculo calentado se contrae con más fuerza y se afloja más rápidamente. De esa manera, tanto la velocidad como la fuerza pueden aumentar. Del mismo modo, la posibilidad de tirar de un músculo y causar un trauma es mucho menor.

Temperatura corporal modificada: esto mejora la elasticidad muscular, y también reduce el riesgo de distensiones y tirones.

Los vasos sanguíneos se agrandan: esto reduce la resistencia al flujo sanguíneo y disminuye la tensión en el corazón.

Enfriamiento más eficiente: al activar los mecanismos de disipación de calor en el cuerpo (sudoración efectiva), un atleta puede enfriarse rápidamente y ayudar a evitar el sobrecalentamiento temprano en el evento o carrera.

Temperatura de la sangre modificada: la temperatura de la sangre aumenta a medida que atraviesa los músculos. A medida que la temperatura de la sangre aumenta, la unión del oxígeno a la hemoglobina disminuye de manera que el oxígeno es más fácilmente utilizable para trabajar los músculos, lo que podría mejorar la resistencia.

Rango de movimiento mejorado: se modifica el rango de movimiento alrededor de una articulación.

Cambios hormonales: su cuerpo aumenta su producción de una variedad de hormonas responsables de regular la producción de energía. Durante el calentamiento, este equilibrio de hormonas hace que haya más carbohidratos y ácidos grasos disponibles para la producción de energía.

Preparación mental: el calentamiento también es un buen momento para prepararse mentalmente para un evento, despejando la mente, aumentando las habilidades y técnicas de centrado y crítica. Las imágenes favorables también pueden relajar al atleta y establecer la concentración.

Los ejercicios de calentamiento típicos incluyen:

Poco a poco aumentando la intensidad del deporte que practicas en particular. Esto utiliza las habilidades particulares de un deporte y ocasionalmente se denomina calentamiento relacionado. Para los corredores, la idea es correr por un tiempo y agregar algunos sprints a la rutina para involucrar todas las fibras musculares.

Consiste en agregar movimientos no relacionados con su deporte de manera lenta y constante, pueden ser ejercicios de calistenia o flexibilidad, por ejemplo. Los jugadores de pelota, como futbol o béisbol, por dar un ejemplo, con frecuencia utilizan ejercicios no relacionados para su calentamiento.

¿Cuál Es El Mejor Momento?

El mejor momento para estirar un

músculo es después de que tenga un flujo sanguíneo modificado y una temperatura modificada para prevenir el trauma. Estirar un músculo frío puede aumentar el riesgo de trauma por tirones.

Por lo tanto, es mejor que haga ejercicios aeróbicos graduales antes del estiramiento. Tenga en cuenta que el mejor momento para estirar es después de su entrenamiento, ya que sus músculos están calientes y flexibles por el aumento de sangre en ellos. Asegúrese de que su calentamiento comience gradualmente y utilice los músculos que se emplearan y tensarán durante el entrenamiento.

Tenga en cuenta que el calentamiento perfecto es un proceso muy individual que solo puede venir con práctica, experimentación y experiencia. Intenta calentar de varias maneras, a diferentes intensidades hasta que encuentres lo que funciona mejor para ti. Particularmente a mí me funciona muy bien unos cinco minutos de caminata intensa, seguidos de cinco minutos de trote suave, tres minutos de trote intenso y luego dos minutos de trote suave; mi cuerpo con esos 15 minutos ya está en condiciones adecuadas para cualquier rutina de ejercicio y estiramiento.

CAPÍTULO 16
EL ENTRENAMIENTO CARDIOVASCULAR

Con una gran proporción de personas con sobrepeso, está claro que muchos de nosotros no cumplimos con las pautas de ejercicio más recientes, las cuales recomiendan hasta una hora de ejercicio todos los días. De hecho, no hay duda de una molestia colectiva cuando las personas reconocen que ahora tienen que encontrar una hora todos los días para lograr algo en lo que parecen no poder encontrar cinco minutos. ¿Cuán cruciales son estas pautas y qué puede hacer para que encajen en su vida?

¿Qué Es Cardio?

Antes de comenzar, debe conocer por

qué es tan crucial el ejercicio cardio-vascular, simplemente significa que está involucrado en una actividad que eleva su ritmo cardíaco a un nivel en el que está trabajando, pero que aún puede hablar (también conocido como, ritmo cardíaco objetivo).

He aquí por qué el cardio es tan importante:

• Es una forma de quemar calorías y ayudarlo a adelgazar.

• Fortalece su corazón para que no tenga que funcionar de manera agotadora para bombear su sangre.

• Aumenta tu capacidad pulmonar.

• Ayuda a reducir el riesgo de ataque cardíaco, colesterol elevado, hipertensión y diabetes.

• Te hace sentir genial.

• Te ayuda a dormir mejor.

• Ayuda a bajar la tensión.

• Eleva tu confianza y autoestima.

• Podría seguir todo el día, ya que los beneficios para el organismo son incalculables.

En pocas palabras, necesita cardio si desea controlar su peso y llevar su tensión a un nivel tolerable.

El primer paso es qué tipo de actividades le gustaría hacer. El truco es considerar qué es accesible para usted, qué se ajusta a su personalidad y qué se sentiría cómodo encajando en su vida.

Si le gusta salir, correr, andar en bicicleta o caminar son excelentes opciones. Si le encanta el gimnasio, tendrá acceso a bicicletas estacionarias, entrenadores elípticos, cintas de correr, máquinas de remos, maestros de escaleras y más.

Para el deportista en el hogar, hay una serie de videos de ejercicios de primera clase para probar y no necesita mucho equipo para obtener un entrenamiento cardiovascular excepcional en el hogar.

Tenga en cuenta que es posible que todavía no sepa qué tipo de actividad disfruta. Eso es parte de la experiencia, así que no tengas miedo de probar algo y, si no funciona, pasa a otra cosa.

Prácticamente cualquier actividad funcionará, siempre que exija un movimiento que lleve su ritmo cardíaco a un nivel objetivo superior.

Recuerda:

No hay ejercicio de cardio más competente que cualquier actividad que te guste y aumente tu ritmo cardíaco sin aumentar las facturas. No es lo que haces, sino lo duro que trabajas. Cualquier ejercicio puede ser desafiante si lo haces intensamente. Haz algo que ames. Si detestas los entrenamientos en el gimnasio, no te fuerces a una cinta de correr. Si te encanta socializar, piensa en los deportes, la forma física grupal, hacer ejercicio con un conocido o un club de caminatas.

Elija algo que pueda verse haciendo al menos tres días a la semana. Sea flexible y no tenga miedo de ramificarse una vez que esté bien situado con el ejercicio.

CAPÍTULO 17
USAR PESAS

Si desea perder grasa o alterar su cuerpo, una de las actividades más importantes que puede hacer es levantar pesas. La dieta y el cardio son sumamente importantes, sin embargo, cuando se trata de alterar la apariencia de su cuerpo, el entrenamiento con pesas gana fácilmente.

Si ha dudado en comenzar un régimen de entrenamiento de fuerza, podría motivarle saber que levantar pesas puede ayudar a elevar tu metabolismo. El músculo quema muchas calorías, por lo que cuanto más músculo tenga, más calorías quemarán durante todo el día. El uso de pesas es altamente beneficioso, a continuación, algunas de sus maravillosas consecuencias:

• Fortalece los huesos, particularmente crucial para las mujeres.

• Hacerte más fuerte y brindarte una mejor resistencia muscular.

• Ayuda a prevenir lesiones.

• Mejora tu autoestima, confianza y orgullo.

• Mejora tu coordinación y equilibrio.

Comenzar con el entrenamiento de fuerza puede ser algo confuso y generar las siguientes preguntas:

¿Qué ejercicios puedes hacer?

¿Cuántas series y repeticiones?

¿Cuánto debe levantar?

La rutina que elija se basará en sus objetivos de acondicionamiento físico, así como en las herramientas que tiene disponibles y el tiempo que tiene para hacer ejercicios.

Si está estableciendo su propio programa, deberá comprender algunas reglas básicas de entrenamiento de fuerza. Estas reglas te enseñarán cómo asegurarte de que estás utilizando el peso adecuado, determinar tus series, repeticiones y asegurarte de que siempre estás avanzando en tus entrenamientos.

Para desarrollar músculo, debes utilizar más resistencia de la que tus músculos están acostumbrados. Esto es crucial ya que cuanto más haces, más es capaz de hacer tu cuerpo, por lo que debes aumentar tu carga de trabajo para evitar estancamientos. En lenguaje sencillo, esto implica que debes estar levantando suficiente peso para que puedas completar el número deseado de repeticiones. Deberías poder terminar tu última repetición con dificultad pero también con gran forma.

Para evitar estancamientos, debes aumentar la intensidad regularmente. Puede hacerlo aumentando la cantidad de peso que levanta, alterando sus series / repeticiones, alterando los ejercicios y alterando el tipo de resistencia. Puede realizar estas modificaciones de forma semanal o mensual.

Siempre recuerda que debes entrenar para tu objetivo. Eso significa que si desea aumentar su fuerza, su régimen debe diseñarse en torno a ese objetivo, por ejemplo, entrenar con pesos mayores y más cerca de su capacidad máxima. Para adelgazar, seleccione una variedad de rangos de más repeticiones para apuntar a una variedad de fibras musculares diferentes.

Los días de descanso son tan cruciales como los días de entrenamiento. Es durante estos respiros que tus músculos crecen y cambian, así que asegúrate de no estar trabajando los mismos grupos musculares 2 días seguidos.

Antes de comenzar a configurar su rutina,

tenga en cuenta algunos puntos clave:

Caliente constantemente antes de comenzar a levantar pesas. Esto ayuda a calentar los músculos y a prevenir el trauma. Puede hacer ejercicios de calentamiento con cardio ligero o haciendo una serie de ejercicios ligeros antes de pasar a pesas más pesadas.

Eleve y baje sus pesas lentamente. No utilice el impulso para levantar el peso. Si tiene que balancearse para subir de peso, lo más probable es que esté utilizando demasiado peso.

No contenga la respiración y asegúrese de utilizar un rango de movimiento completo durante todo el movimiento.

Párate derecho. Presta atención a tu postura y usa tus abdominales en cada movimiento que estés haciendo para mantener el equilibrio y proteger tu columna vertebral.

CAPÍTULO 18
RUTINAS DE ENTRENAMIENTO

Muchas personas se animan a entrar en el mundo de la ejercitación debido a problemas con el exceso de peso, o con la presencia de grasa en lugares indeseables de su cuerpo <los rollitos y cauchitos>, con la idea de eliminarla y de esta forma lucir un cuerpo saludable. La buena noticia es que esto es posible con la rutina adecuada. Existen diversas rutinas de entrenamiento, todas con un fin diferente y, aunque se podría decir que todas las rutinas son beneficiosas para la salud corporal, cada una de ellas influye de manera específica sobre el cuerpo. Es por ello que si se desea rebajar, tonificar o crecer en masa muscular las rutinas de entrenamiento deben ser diferentes.

En los próximos capítulos recomendaré una rutina de entrenamiento para la reducción de grasa y la pérdida de peso muy efectiva, así como también la rutina adecuada para endurecer y tonificar el cuerpo, y posteriormente para aumentar masa muscular.

Las rutinas plasmadas en este libro abarcan los principales 11 grupos musculares del cuerpo y son orientadas a personas comunes, con estilos de vida tradicionales que simplemente buscan mejorar su aspecto físico, su calidad de vida y su salud. Estamos hablando de personas con poco tiempo libre y que no ven el entrenamiento como una profesión, más bien lo ven como un momento del día diferente que los hace sentir sanos y los libera del estrés y las preocupaciones. Es por ello que las rutinas plasmadas no deben exceder de 60 a 75 minutos, y de 60seg como máximo de descanso entre repetición y repetición. Si no está seguro de cómo realizar alguno de los ejercicios, sugiero buscarlos en línea en páginas web como YouTube y verá rápidamente cómo se realiza el ejercicio, aprenda la técnica exacta y la forma adecuada.

CAPÍTULO 19

RUTINA PARA QUEMAR GRASA

Deberá realizarse al menos seis de los siete días de la semana, el fin primordial de esta rutina es estar en movimiento constante, de manera tal, que aplique un nivel de exigencia que te permita ser constante, sin distracciones y con poco descanso entre ejercicios.

Lunes: pectorales o pecho y bíceps.

Comenzar con una rutina rápida de calentamiento que no exceda los 10 minutos, puede ser salto de cuerda o una caminata rápida de unos 7 minutos, acompañada de un trote medio de no más de 3 minutos.

Para el pecho debe seleccionar un peso adecuado que le permita realizar 3 series de al menos 20 a 25 repeticiones de los siguientes movimientos:

- Prensa de pecho de máquina sentado.
- Press de banca recto con barra.
- Press de banca con barra de baja inclinación.

Para los bíceps debe seleccionar un peso adecuado que le permita realizar 3 series de al menos 20 a 25 repeticiones de los siguientes movimientos:

- Bíceps de pie enrollamiento de cable.
- Curl de barra.
- Curl inclinado con mancuernas.

Para finalizar, debe realizar 5 minutos de trote intenso y 2 minutos de caminata rápida.

Martes: espalda y tríceps.

Comenzar con una rutina rápida de calentamiento que no exceda los 10 minutos, una caminara rápida de 6 minutos, acompañada de un trote medio de no más de 4 minutos.

Para la espalda debe seleccionar un peso adecuado que le permita realizar 3 series de al menos 20 a 25 repeticiones de los siguientes movimientos:

- Peso muerto con barra inclinada.
- Peso muerto con barra.
- Fila de barra en t de pie (remo).

Para los tríceps debe seleccionar un peso adecuado que le permita realizar 3 series de al menos 20 a 25 repeticiones de los siguientes movimientos:

- Inmersión vertical.
- Prensa de tríceps en la parte superior con mancuernas.
- Press de banca con agarre cerrado.

Para finalizar, debe realizar 5 minutos de trote intenso y 2 minutos de caminata rápida.

Miércoles: piernas, hombros y trapecios.

Este día probablemente nos extendamos un poco más de los 60 minutos. Comenzar con una rutina de calentamiento de 10 minutos de trote medio.

Para las piernas debe seleccionar un peso adecuado que le permita realizar 3 series de al menos 25 o 30 repeticiones de los siguientes movimientos:

- Sentadilla frontal con barra.
- Prensa de piernas sentado.
- Barbell lunge.

No olvidemos las pantorrillas o gemelos, para ello debes realizar los siguientes movimientos:

- Levantamiento de pantorrilla sentado.
- Levantamiento de pantorrilla de pie.

Para los hombros debe seleccionar un peso adecuado que le permita realizar 3 series de al menos 20 a 25 repeticiones de los siguientes movimientos:

- Prensa militar sentado.
- Levantamiento frontal con mancuernas.
- Levantamiento lateral con mancuernas.

Y para los trapecios:

- Encogimiento de hombros con mancuerna, ya sea sentado o de pie.
- Barbell Shrug.

Para finalizar, debe realizar 3 minutos de trote medio y 2 minutos de caminata rápida.

Jueves: pectorales o pecho y bíceps.

El jueves volvemos a los pectorales o pecho y los bíceps. Siga el mismo plan de entrenamiento que el día lunes, pero ahora sustituya el press de banca recto con barra, por el press de banca recto con mancuernas. Y sustituya el curl de barra, por el curl de pie con mancuernas.

No olvides tu cardio, tanto al empezar

como al finalizar tu rutina.

Viernes: espalda y tríceps.

El viernes volvemos a la espalda y los tríceps. Siga el mismo plan de entrenamiento que el día martes, pero ahora sustituya el peso muerto con barra por el peso muerto con mancuerna. Y sustituya la inmersión vertical por el push-down.

No olvides tu cardio, tanto al empezar como al finalizar tu rutina.

Sábado: entrenamiento cardiovascular ligero y abdominales.

Este día es un día extra en la rutina, la mayoría de las rutinas de entrenamiento recomiendan 5 días a la semana, pero como tu rutina está diseñada para perder grasa, necesitas estar en constante movimiento. El día de hoy deberás realizar algún movimiento cardiovascular que te haga sudar y te permita divertirte. Puedes asistir a una clase de entrenamiento de combate, una clase de spinning, nadar en la piscina, jugar al futbol con tus amigos, practicar al tenis con alguna familiar, o simplemente saltar la cuerda, subir la montaña cercana o caminar rápidamente por una hora.

Cuando sientas que has avanzado en tu entrenamiento, que has rebajado la zona del abdomen y puedas realizar abdominales, este día es el día adecuado para hacer unos 200 abdominales variados y rápidos, esto ayudara a endurecer poco a poco la zona abdominal y ayudará a eliminar y reubicar la grasa acumulada en este sector. Alterna abdominales tradicionales con levantamiento de piernas acostado, y abdominales cortos.

Domingo: descanso.

Este es un día de descanso absoluto, puedes tomar una siesta durante el día, o estar en el sofá viendo la televisión; asegúrate de dormir durante la noche al menos 8 horas tanto este día como todos los demás. Así como te entrenaste duro durante toda la semana el día de hoy mereces un descanso intenso.

Siempre recuerde: Cuando es hora de entrenar, ¡es a entrenar! Cuando es hora de descansar, ¡es a descansar! No queremos pasar horas ejercitándonos, no es bueno y es contraproducente.

CAPÍTULO 20

RUTINA PARA ENDURECER Y TONIFICAR

Deberá realizarse al menos cinco de los siete días de la semana, el fin primordial de esta rutina es endurecer y tonificar tu cuerpo, de manera tal, que apliques un nivel de exigencia que te permita ser constante, sin distracciones y con poco descanso entre ejercicios. Esta rutina está diseñada para personas que están en su peso ideal o están por encima de este no más de 10kg de peso.

Lunes: pectorales o pecho y bíceps.

Comenzar con una rutina rápida de calentamiento que no exceda los 7 minutos, puede ser salto de cuerda o una caminata rápida de unos 5 minutos, acompañada de un trote medio de no más de 2 minutos.

Para el pecho debe seleccionar un peso adecuado que le permita realizar 3 series de al menos 12 a 15 repeticiones de los siguientes movimientos:

- Prensa de pecho de máquina sentado.
- Press de banca recto con barra.
- Press de banca con barra de baja inclinación.

Para los bíceps debe seleccionar un peso adecuado que le permita realizar 3 series de al menos 12 a 15 repeticiones de los siguientes movimientos:

- Bíceps de pie enrollamiento de cable.
- Curl de barra.
- Curl inclinado con mancuernas.

Para finalizar, debe realizar 3 minutos de trote intenso y 2 minutos de caminata rápida.

Martes: espalda y tríceps.

Comenzar con una rutina rápida de calentamiento que no exceda los 8 minutos, una caminata rápida de 4 minutos, acompañada de un trote medio de no más de 4 minutos.

Para la espalda debe seleccionar un peso adecuado que le permita realizar 3 series de al menos 12 a 15 repeticiones de los siguientes movimientos:

- Peso muerto con barra inclinada.
- Peso muerto con barra.
- Fila de barra en t de pie (remo).

Para los tríceps debe seleccionar un peso adecuado que le permita realizar 3 series de al menos 12 a 15 repeticiones de los siguientes movimientos:

- Inmersión vertical.
- Prensa de tríceps en la parte superior con mancuernas.
- Press de banca con agarre cerrado.

Para finalizar, debe realizar 4 minutos de

trote intenso y 2 minutos de caminata rápida.

Miércoles: piernas, hombros y trapecios.

Este día probablemente nos extendamos un poco más de los 60 minutos. Comenzar con una rutina de calentamiento de 10 minutos de trote medio.

Para las piernas debe seleccionar un peso adecuado que le permita realizar 3 series de al menos 12 a 15 repeticiones de los siguientes movimientos:

- Sentadilla frontal con barra.
- Prensa de piernas sentado.
- Barbell lunge.

No olvidemos las pantorrillas o gemelos, para ello debes realizar los siguientes movimientos:

- Levantamiento de pantorrilla sentado.
- Levantamiento de pantorrilla de pie.

Para los hombros debe seleccionar un peso adecuado que le permita realizar 3 series de al menos 12 a 15 repeticiones de los siguientes movimientos:

- Prensa militar sentado.
- Levantamiento frontal con mancuernas.
- Levantamiento lateral con mancuernas.

Y para los trapecios:

- Encogimiento de hombros con mancuerna, ya sea sentado o de pie.
- Barbell Shrug.

Para finalizar, debe realizar 3 minutos de trote medio y 2 minutos de caminata rápida.

Jueves: pectorales o pecho y bíceps.

El jueves volvemos a los pectorales o pecho y los bíceps. Siga el mismo plan de entrenamiento que el día lunes, pero ahora sustituya el press de banca recto con barra, por el press de banca recto con mancuernas. Y sustituya el curl de barra, por el curl de pie con mancuernas.

No olvides tu cardio, tanto al empezar como al finalizar tu rutina.

Viernes: espalda y tríceps.

El viernes volvemos a la espalda y los tríceps. Siga el mismo plan de entrenamiento que el día martes, pero ahora sustituya el peso muerto con barra por el peso muerto con mancuerna. Y sustituya la inmersión vertical por el push-down.

No olvides tu cardio, tanto al empezar como al finalizar tu rutina.

Sábado y domingo: descanso.

Estos días son de descanso absoluto, puedes tomar una siesta durante el día, o estar en el sofá viendo la televisión; asegúrate de dormir durante la noche al menos 8 horas tanto este día como todos los demás. Así como te entrenaste duro durante toda la semana estos días mereces descanso, con el fin de que tus músculos reparen y asimilen el entrenamiento que le has dado, de esta manera te aseguraras de brindarles el mejor de los tratos durante su tonificación.

Siempre recuerde: Cuando es hora de entrenar, ¡es a entrenar! Cuando es hora de descansar, ¡es a descansar! No queremos pasar horas ejercitándonos, no es bueno y es contraproducente. Con 60 segundos de descanso entre serie y serie es más que suficiente. Si se ve obligado a descansar más tiempo, entonces reduzca el peso que está aplicando.

CAPÍTULO 21

RUTINA PARA AUMENTO DE MASA MUSCULAR

Deberá realizarse al menos cinco de los siete días de la semana, el fin primordial de esta rutina es aumentar el tamaño de los músculos de nuestro cuerpo, de manera tal, que apliques un nivel de exigencia que te permita ser constante, sin distracciones y con un descanso entre ejercicios de 2 minutos. Esta rutina está diseñada para personas que están en su peso ideal o están por debajo de este.

Lunes: pectorales o pecho y espalda.

Comenzar con una rutina rápida de calentamiento que no exceda los 6 minutos, puede ser salto de cuerda o una caminata rápida de unos 4 minutos, acompañada de un trote medio de no más de 2 minutos.

Para el pecho debe seleccionar un peso adecuado que le permita realizar 4 series de al menos 8 a 10 repeticiones de los siguientes movimientos:

- Prensa de pecho de máquina sentado.
- Press de banca recto con barra.
- Press de banca con barra de baja inclinación.

Para la espalda debe seleccionar un peso adecuado que le permita realizar 4 series de al menos 8 a 10 repeticiones de los siguientes movimientos:

- Peso muerto con barra inclinada.
- Peso muerto con barra.
- Fila de barra en t de pie (remo).

Para finalizar, debe realizar 3 minutos de trote intenso y 2 minutos de caminata rápida.

Martes: bíceps, tríceps y trapecios.

Comenzar con una rutina rápida de calentamiento que no exceda los 7 minutos, una caminara rápida de 4 minutos, acompañada de un trote medio de no más de 3 minutos.

Para los bíceps debe seleccionar un peso adecuado que le permita realizar 4 series de al menos 8 a 10 repeticiones de los siguientes movimientos:

- Bíceps de pie enrollamiento de cable.
- Curl de barra.
- Curl inclinado con mancuernas.

Para los tríceps debe seleccionar un peso adecuado que le permita realizar 4 series de al menos 8 a 10 repeticiones de los siguientes movimientos:

- Inmersión vertical.
- Prensa de tríceps en la parte superior con mancuernas.
- Press de banca con agarre cerrado.

Y para los trapecios:

- Encogimiento de hombros con mancuerna, ya sea sentado o de pie.
- Barbell Shrug.

Para finalizar, debe realizar 4 minutos de trote intenso y 2 minutos de caminata rápida.

Miércoles: piernas y hombros.

Este día probablemente nos extendamos un poco más de los 60 minutos. Comenzar con una rutina de calentamiento de 10 minutos de trote medio.

Para las piernas debe seleccionar un peso adecuado que le permita realizar 4 series de al menos 8 a 10 repeticiones de los siguientes movimientos:

- Sentadilla frontal con barra.
- Prensa de piernas sentado.
- Barbell lunge.

No olvidemos las pantorrillas o gemelos,

para ello debes realizar los siguientes movimientos:

- Levantamiento de pantorrilla sentado.
- Levantamiento de pantorrilla de pie.

Para los hombros debe seleccionar un peso adecuado que le permita realizar 4 series de al menos 8 a 10 repeticiones de los siguientes movimientos:

- Prensa militar sentado.
- Levantamiento frontal con mancuernas.
- Levantamiento lateral con mancuernas.

Para finalizar, debe realizar 3 minutos de trote medio y 2 minutos de caminata rápida.

Jueves: pectorales o pecho y espalda.

El jueves volvemos a los pectorales o pecho y la espalda. Siga el mismo plan de entrenamiento que el día lunes, pero ahora sustituya el press de banca recto con barra, por el press de banca recto con mancuernas. Y sustituya el peso muerto con barra por el peso muerto con mancuerna.

No olvides tu cardio, tanto al empezar como al finalizar tu rutina.

Viernes: bíceps, tríceps y trapecios.

El viernes volvemos a los bíceps y los tríceps. Siga el mismo plan de entrenamiento que el día martes, pero ahora sustituya el curl de barra, por el curl de pie con mancuernas. Y sustituya la inmersión vertical por el push-down.

No olvides tu cardio, tanto al empezar como al finalizar tu rutina.

Sábado y domingo: descanso.

Estos días son de descanso absoluto, puedes tomar una siesta durante el día, o estar en el sofá viendo la televisión; asegúrate de dormir durante la noche al menos

8 horas tanto este día como todos los demás. Así como te entrenaste duro durante toda la semana estos días mereces descanso, con el fin de que tus músculos reparen y asimilen el entrenamiento que le has dado, de esta manera te aseguraras de brindarles el mejor de los tratos durante su tonificación.

Siempre recuerde: Cuando es hora de entrenar, ¡es a entrenar! Cuando es hora de descansar, ¡es a descansar! No queremos pasar horas ejercitándonos, no es bueno y es contraproducente. Con 60 segundos de descanso entre serie y serie es más que suficiente. Si se ve obligado a descansar más tiempo, entonces reduzca el peso que está aplicando.

Por otro lado: estamos en un entrenamiento adecuado para aumento de masa muscular, a menudo esto requiere un aumento en la ingesta de calorías, estas calorías deben ser a base de alimentos ricos en proteínas o batidos proteicos, con el fin de brindarle a los músculos lo necesario para su reparación y aumento de volumen. Una técnica conservadora que suelo aplicar para estos entrenamientos es servir en el plato las mismas porciones alimenticias y solamente agregar a cada comida el doble de la proteína acostumbrada, y después de la comida principal y del entrenamiento un batido proteico, el cual siempre debe incluir 1 banana y polvo de proteínas comercial o 2 huevos crudos.

Es común que el cuerpo demande mayor ingesta de alimentos durante esta rutina, y no queremos que estas calorías se acumulen y almacenen en lugares indeseados, es por ello que a la rutina de los días *lunes, martes, jueves y viernes* debes agregar al final del entrenamiento pero antes del calentamiento final, una rutina de entrenamiento de abdominales, de al menos 300 abdominales variados de tu preferencia, siempre debes incluir abdominales tradicionales y levantamiento de piernas acostado.

Es aconsejable mantenerse en los mismos pesos y repeticiones durante 3 o máximo 4 semanas, luego aumentar prudentemente el peso y mantenerlo 3 o 4 semanas y así sucesivamente. De esta manera permites que tu cuerpo se acostumbre a un peso antes de elevarlo sutilmente.

CAPÍTULO 22
BENEFICIOS DE UNA ALIMENTACIÓN SANA

L a alimentación saludable no se trata de rigurosas doctrinas de nutrición, de mantenerse irrealmente delgado o de despojarse de los alimentos que le gustan. En cambio, se trata de sentirse bien, tener más energía, estabilizar su estado de ánimo y mantenerse lo más saludable posible, todo lo cual puede lograrse aprendiendo algunos conceptos básicos de nutrición y utilizándolos de una manera que funcione para usted. Puede ampliar su gama de selecciones de alimentos saludables y aprender a planificar con anticipación para producir y mantener una dieta sabrosa y saludable.

Buenos Hábitos

Para prepararse para el éxito, considere planificar una dieta saludable como una serie de pasos pequeños y manejables en lugar de un gran cambio drástico. Si te acercas a los turnos gradualmente y con dedicación, tendrás una dieta saludable antes de lo que crees.

En lugar de preocuparse demasiado por calcular las calorías o medir el tamaño de las porciones, considere su dieta en términos de color, variedad y frescura.

De esta manera, debería ser más fácil hacer selecciones saludables. Céntrese en encontrar alimentos que le encanten y recetas simples que incorporen un par de ingredientes frescos. Paso a paso, su dieta se volverá más saludable y deliciosa.

Comience despacio y haga cambios en sus hábitos alimenticios paulatinamente y con tiempo. Intentar hacer que sus hábitos alimenticios cambien de la noche a la mañana no es realista ni brillante. Cambiar todo a la vez comúnmente lleva a hacer trampa o a frustraciones.

Haga pequeños pasos, como agregar una ensalada llena de vegetales de diferentes colores a su dieta una vez al día o cambiar de mantequilla a aceite de oliva mientras cocina. A medida que sus pequeños cambios se conviertan en hábito, podrá continuar agregando opciones más sólidas a su dieta.

Cada cambio que realice para mejorar su dieta es importante. No tiene que ser perfecto y no tiene que deshacerse por completo de los alimentos que disfruta para tener una dieta sana.

El objetivo a largo plazo es sentirse bien, tener más energía y reducir el riesgo de cáncer y enfermedades. No permita que sus tropiezos lo descarrilen, cada selección de alimentos saludables que incorpore cuenta.

CAPÍTULO 23

¿QUÉ ES UNA RUTINA ALIMENTICIA O DIETA?

La idea de comenzar una dieta puede parecer una tarea desalentadora. Para la mayoría de las personas será difícil abandonar viejos hábitos y desarrollar otros nuevos. Debe tener en cuenta que no todas las dietas son buenas.

En realidad, puede causar más daño que bien apegarse a ciertas dietas. Es importante que tenga comidas bien balanceadas y que no intente eliminar los nutrientes necesarios. Además, otra cosa importante para recordar es que las personas a menudo cometen errores mientras están a dieta. Somos humanos y ninguno de nosotros somos perfectos, por lo tanto, esperamos tener algunas fallas de vez en cuando.

Si está confundido y no sabe mucho sobre las dietas, no se preocupe, no está solo. Más adelante ahondaremos en los fundamentos de los conceptos básicos de las dietas, lo cual le proporcionará información útil que lo animará a un buen comienzo con su nueva dieta.

Lo Básico

Comer una dieta saludable es muy importante para la salud y el bienestar general de su cuerpo. Ciertos alimentos están llenos de nutrientes que son excelentes para su cuerpo, mientras que otros están llenos de alimentos procesados y azúcares que no son saludables para usted.

Para la mayoría de las personas no se necesitará una dieta seria. La mayoría de las personas generalmente solo necesitan eliminar algunas cosas de su dieta actual y reemplazarlas con algunas cosas nuevas.

Algunas personas pueden necesitar dietas intensas con límites estrictos de carbohidratos permitidos por día, así como calorías.

Estos tipos de alimentos deben limitarse con cualquiera, pero aquellos con dietas estrictas pueden tener casi ninguno. Hay muchas dietas diferentes y las diferentes dietas funcionan con diferentes personas. Solo necesita encontrar la que funcione para usted y se adapte a sus necesidades.

¡Las dietas de moda pueden ser peligrosas y deben evitarse!

Es importante que sepa lo peligrosas que pueden ser las dietas de moda. En la mayoría de los casos, estas dietas de moda causan más daño a la persona que bien. Esto se debe a que las dietas de moda generalmente implican casi morirse de hambre. La cantidad de alimentos que una persona puede consumir en estas dietas suele ser bastante mínima. No solo no es saludable limitar la ingesta de alimentos a porciones ridículas, estas dietas de moda también provocan el fracaso de muchas personas.

Esto se debe a que la persona que sigue la dieta probablemente sentirá hambre continuamente. Esto probablemente conducirá a atracones desesperanzados y a abandonar por completo la dieta. El problema con esto es el hecho de que si casi te has muerto de hambre, tu metabolismo se ha ralentizado enormemente. Ahora notará que cada pequeña cosa que come lo hará tener más kilos de peso.

Muchas de estas dietas de moda también harán que una persona se sienta débil y sea más susceptible a ciertas enfermedades. Esto se debe nuevamente al hecho de que la mayoría de las dietas de moda no permiten que una persona consuma todos los nutrientes necesarios para producir energía durante el día.

Hay innumerables dietas peligrosas que

existen. No caigas en tendencias y le hagas daño a tu cuerpo. Es mejor encontrar una rutina alimenticia sana y equilibrada que funcione para usted. Más adelante te enseñaré los términos y estrategias adecuados para estructurar hábitos alimenticios que funcionen para usted y de esta manera, ayudarlo a alcanzar sus objetivos de tener un cuerpo sano y una vida mejor.

CAPÍTULO 24
CALCULE CUÁNTAS CALORÍAS NECESITA

Hay algunas cosas que determinan cuántas calorías necesita una persona para mantener un cuerpo sano. La cantidad de calorías que debe consumir depende de su edad, sexo, altura y peso. La cantidad de calorías que una persona necesita consumir diariamente varía de persona a persona. Otros factores deben tenerse en cuenta al determinar estos valores, uno de ellos es su nivel de actividad diaria. Es importante que cuando determine la cantidad de calorías permitidas, esté seguro de que las calorías que ha consumido se quemarán durante el día.

Preste mucha atención porque la información proporcionada seguramente será útil para usted con sus preguntas sobre el consumo de calorías.

Consumo De Calorías Al Hacer Dieta

Hay varias cosas a considerar al diseñar una dieta para limitar el consumo de calorías. Uno de los más importantes es su nivel de actividad. No desea privarse de los nutrientes necesarios, pero al mismo tiempo no desea inundar su cuerpo con calorías que no puede quemar. La mejor manera de evitar esto es hacer algunas matemáticas básicas.

Primero debe calcular cuántas calorías quema actualmente por día. Hay calculadoras en muchos sitios web de salud que están diseñadas para ayudarlo con este proceso y hacer que sea mucho más fácil para usted. Una vez que haya determinado cuántas calorías quema al día, comienza el resto del proceso de establecer sus pautas de consumo diario.

El siguiente paso es determinar cuántas calorías necesita consumir con respecto a su peso actual. Si eres más grande necesitas consumir menos calorías. Las calorías pueden convertirse fácilmente en grasa si no se queman durante el día. Por eso es importante limitarlas, especialmente si tiene un peso superior al promedio. Al mismo tiempo, no puede reducir demasiado su consumo de calorías porque esto no tendrá resultados positivos.

Si está quemando más de lo que está consumiendo, su cuerpo comenzará a quemar músculo en lugar de grasa. Esto se debe a que las células de grasa sirven como reservas de emergencia para su cuerpo, por lo que su cuerpo naturalmente intenta quemar eso último si cree que está desnutrido.

Después de haber determinado cuántas

calorías necesita con su peso para su dieta, es hora de agregar el factor de edad. La mayoría de los adultos necesitan menos calorías a medida que avanzan de edad y dejan de ser jóvenes. Esto se debe a que la mayoría de los adultos mayores son mucho menos activos que en sus primeros años, lo que lleva a quemar menos calorías. Como se indicó anteriormente, no desea que las calorías queden sin quemar en su cuerpo, ya que se convierten en grasas. Entonces, si eres más joven y activo, es probable que necesites consumir más calorías, pero si eres mayor y menos activo, el camino a seguir es menos calorías.

Género:

Se cree que los hombres parecen necesitar más calorías diarias que las mujeres. Esto se debe al hecho de que los cuerpos de hombres y mujeres son diferentes. Tenemos diferentes estructuras musculares entre sí y, por lo tanto, nuestros cuerpos queman diferentes cantidades de calorías a diario.

Por ejemplo, un hombre activo puede requerir más de 3,000 a 3.500 calorías al día cuando está activo. Esto significa que practican deportes u otras actividades que hacen que el cuerpo trabaje. La ingesta recomendada para la mujer activa promedio es de 2,100 calorías por día. Esa es una gran diferencia, ¿no?

Altura:

Esto es más o menos de sentido común. Si eres más alto, necesitarás más calorías debido al hecho de que tienes más masa corporal que las personas más bajas. Cuantos más hay, más calorías necesita. Siempre recuerde, comer demasiadas calorías conducirá a un aumento de peso y retrocesos en su dieta. Si está tratando de crear un cuerpo y una vida más saludables para usted, entonces, lo último que desea es dejarse llevar por las calorías.

Tenga en cuenta que las dietas deben personalizarse según las necesidades de un individuo, por lo que lo que otra persona necesita en calorías probablemente será diferente de lo que usted necesita.

Intentar copiar la dieta de otra persona porque funciona para ellos probablemente tendrá resultados negativos para usted, ya que no obtendrá la dieta equilibrada que necesita. También hay sitios web que tienen calculadoras de calorías y estos pueden ayudarlo enormemente mientras intenta determinar la cantidad de calorías diarias necesarias.

CAPÍTULO 25
BENEFICIOS DE UN ESTILO DE VIDA SALUDABLE

La primera ventaja de vivir un estilo de vida saludable es que probablemente vivirás una vida más larga y saludable. Si tiene una familia que mantener, esto es realmente importante, ya que estará allí para brindar apoyo financiero y emocional.

Si tienes un hijo o una hija, estoy seguro de que querrán que sus padres estén allí para ellos.

Para los padres, obtienes la alegría de criar a tus hijos y verlos crecer desde los primeros años de la infancia y hasta la madurez.

Como abuelo, tendrá la alegría de estar cerca de sus nietos e incluso verlos crecer.

Ventajas

Una ventaja diferente de un estilo de vida saludable es que serás más vibrante y tendrás más energía. Una adecuada rutina de ejercicio y una alimentación balanceada te permitirá ser más activo y lograr más. Esto te permitirá tener una actitud más favorable en la vida y te ayudará a mejorar tu estado mental, físico y emocional.

Te permitirá ser más productivo en casa y en el trabajo. No tendrá tantos días de enfermedad en el trabajo, lo que lo convierte en un empleado más generativo. Si tiene un negocio, esta mayor productividad puede ayudar a su empresa a ser más fructífera. En general, esta mayor productividad puede generar grandes dividendos financieros para usted en el futuro. Te verás y te sentirás mejor. Tendrás una perspectiva mucho más positiva de la vida la cual te pagará dividendos excelentes en el futuro en lo que respecta a su estado mental, físico y emocional. Reducirá la tensión y el estrés. Asimismo, aliviará y disminuirá las posibilidades de trastorno depresivo, ya que se siente bien consigo mismo y tiene un estado de ánimo más positivo.

Es una forma de atención médica preventiva que le ayudará a prevenir afecciones cardíacas, cáncer y muchas enfermedades debilitantes.

Estoy guardando lo mejor para el final. Una de las mayores ventajas de vivir un estilo de vida saludable es la cantidad de dinero que ahorrará, ya que dedicas menos tiempo y dinero a las consultas médicas, y gasta menos en recetas, ya que comer sano es comer sencillo y natural.

Lamentablemente, muy pocas personas reconocen y comprenden las ventajas que puede tener un estilo de vida saludable en la cuenta bancaria.

CAPÍTULO 26
ALIMENTACIÓN SALUDABLE SIGNIFICA UN CUERPO SANO

¿Te sientes lento o como si tu cuerpo estuviera pesado?
¿Te falta la energía que solías tener?
¿Te encuentras cansado e irritable la mayoría de las veces?
¿Tienes círculos oscuros debajo de los ojos?

S i respondió sí a cualquiera de estas preguntas, es hora de que comience a tener hábitos alimenticios más saludable. Debe tener una dieta que consista en alimentos saludables bien equilibrados y no en un montón de basura de comida chatarra. El dicho dice "eres lo que comes", por lo tanto, si comes un montón de comida basura, te sentirás mal.

Lo mismo ocurre con la comida sana. Si consume alimentos saludables de manera regular como parte de una dieta saludable, seguramente se sentirá bien y no tendrá que lidiar con los efectos secundarios que causan las comidas no saludables.

A Sentirse Mejor A Través De La Alimentación

Si usted es una persona que no se ha sentido bien o feliz consigo mismo por algún tiempo y no está seguro de lo que está sucediendo con su cuerpo, ¿alguna vez ha considerado que puede ser su dieta? La comida que consume determina la salud de su cuerpo. Si constantemente comes comida chatarra, es probable que tu cuerpo tenga un estado de salud bajo. Será más fácil para usted enfermarse y luchar contra las enfermedades, se sentirá enfermo, con poca energía y, a veces, incluso irritable. Estos son los efectos secundarios normales de una dieta pobre. Solo tiene sentido ya que nuestro cuerpo necesita ciertos nutrientes para poder funcionar correctamente. Si le roba a su cuerpo estos nutrientes esenciales, el hará lo que tenga que hacer para asegurarse de que usted se entere. En muchos casos, el cuerpo causará efectos secundarios indeseables para tratar de darle una pista de que necesita comenzar a comer mejor.

La dieta también puede ser muy beneficiosa para las personas que enfrentan ciertas tensiones mentales en su vida actual. Una dieta adecuada puede ser muy beneficiosa para la salud mental de una persona. Al igual que el resto del cuerpo humano, el cerebro necesita ciertos nutrientes esenciales para funcionar correctamente. Si no consume alimentos adecuados, probablemente se estresará o se abrumará fácilmente, ya que su cerebro se verá privado de los nutrientes que necesita para funcionar.

Es tu cuerpo y solo obtienes uno, por lo que realmente necesitas cuidarlo. Debe recordar que su cuerpo debe ser considerado como un templo y no como un lugar que puede estar lleno de cosas malas. Solo deje las mejores cosas en su cuerpo y mantenga alejadas las cosas malas. Sé que es más fácil decirlo que hacerlo, pero con esfuerzo y determinación es posible.

CAPÍTULO 27
BATIDOS PROTEICOS SALUDABLES

Debemos acostumbrarnos a preferir lo natural sobre lo que lleva procesos y aditivos químicos, en este capítulo te proporciono algunas recetas de batidos cargados de proteínas, vitaminas y minerales esenciales de consumir en toda buena rutina de entrenamiento. De esta manera nos aseguraremos de reponer los nutrientes necesarios para el correcto funcionamiento de nuestro organismo, manteniendo a raya los carbohidratos y azucares que proporcionan grasa indeseada.

Banana - huevo.

· 3 huevos cocidos.

- 250 gramos de yogur griego o sin sabor.
- 1 banana grande madura.
- 400ml de leche.

Primero debes sancochar los huevos, luego vierte todos los ingredientes en la licuadora, incluyendo los huevos pero sin la cascara, mezcla hasta lograr una bebida homogénea. Consumir frío con cubitos de hielo.

Mango – almendras.

- 1 mango grande.
- 50 gr de almendra.
- 250 ml de leche.
- 125 ml de yogur natural, griego o similar.
- Vainilla al gusto.
- Zumo de 1 limón.
- 2 cucharadas de miel de abejas.
- 1 puñado de hielo.

Pela y corta el mango en cuadritos, luego agrega todos los ingredientes a la licuadora y mezcle hasta conseguir una textura pareja y sin grumos. Listo a disfrutar.

Manzana - banana - jengibre.

- 1 manzana.

- 1 banana madura.
- 1 trozo pequeño de jengibre.
- 350 ml de leche.
- 1 cucharada de miel de abeja.
- Canela al gusto.

Pela el jengibre, retira las semillas de la manzana y trocéala, vierta todo en la licuadora con algunos cubos de hielo, mezcle todo hasta que quede homogéneo y sirva.

Banana – maní.

- 200gr mantequilla de maní o 150gr de maní sin concha
- 1 banana.
- 300ml de leche.
- 100ml de miel de abeja o 80gr de azúcar morena.
- 10 cubos de hielo.

Te recomiendo preparar la mantequilla de maní en casa para así conservar lo natural, aunque de igual manera en grano también sirve. Una vez tengas la mantequilla de maní (sea comprada o preparada en casa) o el maní sin concha, agrega todo a la licuadora y mezcla hasta que este homogéneo. ¡A disfrutar!

Avena - banana – espinacas.

- 1 banana.
- 150 gr de espinacas.
- ½ aguacate.
- 1 cucharadita de miel de abeja.
- 300 ml de leche.
- 2 cucharadas de avena en hojuela.

Coloque todos los ingredientes en la licuadora, previamente pelados, lavados y troceados. Mezcle todo hasta obtener una consistencia pareja. Si prefieres el batido menos denso, suaviza con más leche o hielo.

Si estás haciendo entrenamiento para crecimiento muscular, puedes agregar 2 o 3 claras de huevo crudas a los batidos de manera opcional con el fin de aportar unos gramos más de proteína, la cual te beneficiara enormemente en el desarrollo muscular.

CAPÍTULO 28
RECETAS DE COCINA SALUDABLES QUE NO LO PARECEN

Vamos a repasar algunos ejemplos de recetas populares y saludables. Esto debería darle una idea de qué tipo de comidas necesitará agregar a sus hábitos alimenticios para comenzar a sentirse mejor y tener una mente, cuerpo y espíritu más saludables.

Tenga en cuenta que comer sano no significa necesariamente comer alimentos que no tienen sabor o alimentos que no le gustan. Hay muchos tipos diferentes de comidas que puede preparar y, si se prepara de la manera correcta, puede ser muy nutritivo y saludable. Es probable que se sorprenda por la innumerable cantidad de opciones disponibles. Mucha gente piensa que seguir una dieta significa que tienes que renunciar a toda buena comida, ¡esto no es cierto! Simplemente significa que necesita encontrar alternativas más saludables para sus hábitos alimenticios actuales.

Ideas Para Recetas Saludables

Para que una comida se considere saludable, generalmente debe contener 350 o menos calorías para la porción principal del plato. También debe contener 20 gramos o menos de grasa y 5 gramos o menos de grasa saturada. Esta es una regla general y puede cambiar de persona a persona dependiendo de su tipo de cuerpo y condición de salud actual. Además, si su médico establece una dieta diferente para usted, es importante que escuche lo que dicen, ya que son profesionales capacitados.

Los siguientes son algunos ejemplos de

algunas comidas que siguen las pautas anteriores:

Salteado de Camarones con Judías Verdes y Pimentón:

Este es un plato delicioso que rebosa de sabor. Es seguro que será un favorito para toda la familia. La mejor parte de esta comida es que ni siquiera te darás cuenta de que estás comiendo alimentos considerados dietéticos. El plato es simple de preparar y las judías verdes agregan un chasquido crujiente para arreglar el plato. Este es un plato de inspiración española, por lo que debe servirse preferiblemente con arroz integral. Agregue ajo para obtener mejores resultados, también se puede servir con quinua. Es posible que desee considerar comprar camarones pelados. Pueden ser más caros, pero vienen con la conveniencia de ahorrar trabajo en casa y mucho tiempo.

Ensalada picada al Tonno:

Si está buscando algo ligero que no lo arrastre por el resto del día, la ensalada picada al tonno es perfecta para usted. Esta ensalada es mucho mejor que un sándwich de atún aburrido y también elimina el problema de los carbohidratos del pan. No es difícil de hacer y no toma muchos ingredientes. El tiempo total de preparación es de aproximadamente 15 minutos, por lo que también es rápido de preparar. Todo lo que necesitas hacer es mezclar un poco de limón, sal y pimienta, ajo y aceite de olivas en un tazón grande. Una vez que todo esté mezclado, agregue aceitunas, lechuga romana, tomates y luego revuelva para cubrir. Una vez que haya hecho esto, agregue atún y revuelva nuevamente. Esta ensalada es un almuerzo increíble, pero también puede ser bueno para un refrigerio.

Berenjena Panini a la Plancha:

Este es otro gran regalo, es muy saludable y puede ser disfrutado por toda la familia. La presentación es importante con este plato porque no quieres que se vea descuidado. Una vez más, este no es un plato complicado de completar y solo lleva unos 35 minutos.

Al comprar sus berenjenas, es importante buscar unas que no tengan manchas blandas. También deben ser bonitos y morados y de tamaño mediano. El mejor momento para encontrar berenjenas como esta receta es hacia fines del verano. Para preparar este plato, simplemente combine una pequeña cantidad de mayonesa y albahaca en un tazón.

Luego, unte con el aderezo ligeramente cada lado de la berenjena, también unte, pero solamente un lado de 2 rebanadas de pan. Luego debes asar la berenjena a fuego medio alto durante aproximadamente 6 minutos, puede ser en una plancha o una parrilla. Luego cubra la berenjena con queso. Ase rápidamente hasta que el queso se derrita. Después de eso, colocar el pan a la plancha o a la parrilla, con el fin de tostarlo un poco, alrededor de uno o dos minutos. ¡Todo lo que queda ahora es preparar tus sándwiches! Simplemente coloque la berenjena en el pan tostado, cubra con pimientos rojos asados o salteados a fuego medio, un poco de cebolla y el otro pedazo de pan. ¡Ahora a disfrutar!

Tortilla de hierbas con tomate:

Este es un desayuno perfecto para comenzar el día lleno de energía, necesitarás: 1 cucharadita de aceite de oliva, 3 tomates picados, 4 huevos revueltos, 1 cucharada de perejil picado y 1 cucharada de hojas de albahaca. Para prepararlo pon el aceite en un sartén, luego los huevos y el perejil junto con sal y pimienta al gusto; espera que se cocine por los dos lados y separa la tortilla en un plato; ahora haz los tomates en el sartén con un toque de aceite de oliva y úsalos para rellenar la tortilla; sirve adornando con hojas de albahaca y disfruta.

Ensalada de pasta con salmón y alcaparras:

Para este plato saludable vas a necesitar: pasta de trigo integral de tu elección, una cucharada de aceite de oliva, 1 pimiento rojo picado, 2 filetes de salmón, un limón, 2 dientes de ajo picados, 1 cebolla pequeña finamente picada, 2 cucharadas de alcaparras y 6 aceitunas picadas en rodajas. Para la preparación cocina la pasta en agua hirviendo, mientras tanto, calienta el aceite en un sartén y agrega el ajo, la cebolla, el pimiento y después el salmón, saltéalos bien; luego mezcla el zumo de limón con la ralladura de su piel en un bowl, junto con las alcaparras y las aceitunas; agrega el contenido del sartén en el bowl; saca la pasta, ponle un poco de pimienta negra y aceite de oliva y mezcla todo bien en el bowl. Sirve en plato y puedes rallar un poco de queso parmesano si es de tu gusto.

Tostada de espárragos a la plancha y rosbif:

En este caso necesitarás: una cebolla, espárragos verdes, pan integral de tu elección, láminas de rosbif o jamón cocido, mostaza aceite de oliva y miel. Para preparar tus tostadas poncha una cebolla o caramelízala, como sea tu gusto; por otro lado para preparar los espárragos, desecha el extremo duro y cocínalos a la plancha o cuécelos en agua hirviendo, cuando estén blandos colócalos en un bowl con agua helada para que se enfríen; tuesta unas rebanadas de pan, reparte encima la cebolla y los espárragos, coloca encima las láminas de rosbif junto con la salsa y disfruta. Para hacer la salsa, mezcla 2 cucharadas de mostaza con ½ de miel; agrégale poco a poco 2 cucharadas de aceite de oliva, batiendo ligeramente con un tenedor mientras lo haces para que emulsione.

Salteado de pechuga de pollo y pimientos:

Para esta rica cena necesitarás: aceite de oliva, un filete de pollo, una cebolla, ajo, jengibre, medio pimiento rojo, medio pimiento verde y medio pimiento amarillo. Para prepararlo calienta en un sartén un poco de aceite de oliva y el pollo en tiras; corta en tiras la cebolla y los pimientos; agrégalos al sartén y saltea durante unos minutos hasta que el pollo este cocido; incorpora ajo y jengibre picado; condimenta con sal y pimienta al gusto; saltea un poco más y sirve, puedes decorar con una mezcla de semillas.

Ensalada de espárragos con salmón y fresas:

Para esta rica ensalada necesitarás: 1 manojo de espárragos verdes, 100 g de salmón ahumado, 200 g de fresas, 1 cucharada de pipas de girasol, 1 cucharada de miel, Vinagre de manzana, Aceite de oliva y sal, unos tallos de cebollino y unos granos de pimienta rosa. En primer lugar, lava los espárragos trigueros, córtalos por la mitad y cuécelos 8 minutos al vapor; mientras tanto, lava las fresas, sécalas, trocéalas y reserva; cuando estén blandos los espárragos colócalos en un bowl con agua helada para que se enfríen; ahora para hacer la vinagreta mezcla en un bowl la miel junto con una cucharada de vinagre, dos de aceite de oliva, una pizca de sal y unos granos de pimienta rosa ligeramente machacados, remueve hasta que emulsione bien; lava el cebollino, pícalo y agrégalo a la vinagreta; por último, corta el salmón ahumado en tiras delgadas, mézclalo junto con los espárragos cocidos y las fresas troceadas. Para servir solo mezcla la vinagreta junto con los demás ingredientes y sirve la ensalada espolvoreándole las pipas de girasol por encima.

Bizcocho de zanahoria, avellana y almendras:

Para este rico postre vas a necesitar: 240 g de zanahoria rallada fina, 2 huevos grandes, 1 limón, 80 g de avellana molida, 70 g de almendra molida, 5 ml de esencia de vainilla, 5 g de canela, 3 g de jengibre, 5 g de bicarbonato sódico, una pizca de sal y 2 claras de huevo grande. Para empezar precalienta el horno a 180°C y prepara un molde rectangular de unos 20 cm. Mezcla las zanahorias con el zumo de la mitad de un limón y reserva; bate los huevos con la vainilla usando varillas, incorpora la avellana, las especias, el bicarbonato y la sal; añade la zanahoria, mezcla bien y reserva; aparte, monta las claras de huevo y luego añádelas a la mezcla usando movimientos envolventes; vierte la mezcla en el molde preparado y espolvorea un poco de canela; hornea durante 40 minutos, hasta que al pinchar el centro con un palillo salga prácticamente limpio; espera un poco para desmoldar y déjalo enfriar sobre una rejilla. Por último, corta en rebanadas y disfruta de este rico manjar.

Tiramisú Express:

Si eres como la mayoría de las personas, a pesar de que estás a dieta, todavía quieres ocasionalmente algunos dulces. Un tiramisú es la solución perfecta para este antojo. Para crear este espléndido plato, necesitarás combinar media taza de queso ricota sin grasa y dos cucharadas de azúcar glas en un tazón. Luego deberá agregar la mitad de una cucharadita de extracto de vainilla y canela molida al gusto. Mezclar bien.

Todo lo que necesita hacer es colocar los dedos de bizcocho en una fuente para hornear del tamaño adecuado y agregar dos cucharadas de mezcla sobre ellos. Luego extiendes tu mezcla de ricota. Después de haber hecho esto, debe colocar otro dedo de bizcocho encima de la mezcla de ricota y verter otras dos cucharadas de mezcla de manera uniforme sobre ellos. Luego debe rociar con dos cucharadas de chocolate derretido, se recomiendan chips de chocolate agridulces.

CAPÍTULO 29
FUNDAMENTOS Y CUIDADOS DE UNA BUENA PIEL

¿Te preocupa tu piel, esta reseca y opaca?
¡No estás solo!

Muchas personas, especialmente las mujeres, tienen el mismo problema. Dado que su piel es una de las primeras cosas que las personas ven cuando lo miran, debe asegurarse de que su piel se vea joven, saludable y maravillosa. Pero, ¿cómo puedes hacer esto? La respuesta es muy simple.

Tener una piel correctamente cuidada se puede hacer fácilmente. Simplemente depende de cómo lo hagas. A veces, las personas piensan que lograr la condición deseada de la piel puede llevar mucho tiempo y esfuerzo. Aunque esto es bastante cierto, no significa que le resulte difícil obtener lo que realmente desea.

Mejorar tu piel requiere perseverancia y compromiso. Por lo tanto, debe saber qué debe hacer y qué debe evitar. ¿No sabes por dónde empezar? ¡Entonces estás en el lugar correcto! Para responder a todas sus preguntas sobre lo que necesita saber sobre los cuidados de la piel, dedico varios capítulos de este libro.

Su piel es el órgano más grande de su cuerpo, con un peso de dos a cuatro kilos. También se restaura completamente cada 7 a 10 semanas. Dependiendo de su estado de salud, su piel puede parecer suave, lisa, seca o sensual. Para garantizar que tendrá una piel bella y joven, no olvide cuidarla.

Al igual que otras personas, probablemente no sepas cómo tener una piel hermosa. En lugar de preocuparse por qué hacer, simplemente lea lo siguiente como guía.

Conseguir Una Piel Bella Y Brillante

Cuando se trata de la piel, la mayoría de las personas prefieren hacer todo lo posible para asegurarse de obtener el aspecto que desean. Sin embargo, no todos lo encuentran fácil porque requiere suministros de dinero y esfuerzo. Si eres uno de ellos, debes seguir los siguientes consejos:

• *Lávese la cara por la noche y por la mañana*: al lavarse la cara, asegúrese de utilizar un producto adecuado para su tipo de piel. Digamos por ejemplo, si tiene poros visibles en toda la cara, use un lavado para pieles grasas. Para algunos poros visibles, es probable que tenga sequedad en la piel.

• *Exfolie su piel*: debe hacerlo al menos una vez a la semana. Frotar delicadamente un producto exfoliante en la cara con los dedos ayudará mucho en su batalla. Como se recomienda, frótese el producto en la cara durante el mismo tiempo que normalmente lo lavaría. Luego, enjuague su cara con abundante agua.

• *Hidrata tu piel después del lavado*: tienes que hacer esto incluso si tienes la piel grasa. Una cosa importante para verificar es ver si la crema hidratante está diseñada para pieles normales, grasas o secas.

• *Beba más agua*: el agua juega un papel vital para hacer que su piel se vea deslumbrante y brillante. Ayuda a limpiar su sistema y mantiene su piel limpia. Como dicen los expertos, manténgase alejado de cualquier jugo azucarado o refrescos ya que el azúcar puede intensificar el acné.

• *Coma muchas verduras de hoja verde y frutas*: su piel es el órgano más grande y reacciona a los alimentos que consume. Los alimentos ricos en ácidos grasos omega-3 como las almendras y el salmón son perfectos para tu piel.

• *Aplique máscaras todas las semanas*: es posible que desee comenzar a usar una máscara de loción eficaz para una hidratación profunda o una máscara de arcilla para una limpieza profunda. También puede aplicar su máscara preferida y dejarla actuar durante al menos quince minutos o hasta que se seque. Luego, quítela o lávela.

• *Realice algunos ejercicios*: haga ejercicio durante unos 30 minutos, de tres a cinco veces por semana. El ejercicio regular ayuda a reducir el estrés, lo que puede provocar menos brotes. También aumenta el flujo de sangre a la piel, ayudando a las células a mantenerse saludables.

Para algunos, seguir los consejos anteriores puede parecer difícil. Pero, si realmente quieres tener una piel hermosa, harás todo lo que necesites para alcanzar tu objetivo.

Otras Cosas Que Debes Hacer

Además de lo mencionado anteriormente, hay muchas más cosas que hacer para tener una piel hermosa, entre los cuales destaca lo siguiente:

• Trate de tener un sueño reparador y profundo.

• Tome suplementos de alta calidad como minerales, vitaminas y ácidos grasos esenciales omega 3.

• Conoce tu tipo de piel.

• Mantenga los niveles de estrés al mínimo.

• Evite el exceso de exposición a temperaturas extremas.

• Limite su consumo de alcohol y cafeína.

• Practique un régimen diario de cuidado de la piel.

Si le resulta difícil recordar las diferentes

cosas que necesita hacer, intente hacer un diario. Simplemente escriba las diferentes cosas que necesita hacer y comer todos los días. Esto servirá como guía para alcanzar los resultados deseados.

Vitaminas Que Necesitas Para Tener Una Piel Bella Y Joven

Las vitaminas juegan un papel crucial para tener no solo una piel hermosa, sino también joven y brillante. Para darle algunas pistas, estas son las principales vitaminas que necesita para tratar su piel:

• Vitamina A: fortalece la piel y mantiene las arrugas a raya. Este tipo de vitamina proviene del hígado, la leche, la yema de huevo, las espinacas, las verduras y las frutas de color naranja.

• Vitamina B: ayuda a mantener un tono de piel saludable. Este tipo de vitamina proviene del atún, pollo, papas, frijoles negros, espárragos y sandías.

• Vitamina C: ayuda a mejorar la producción de colágeno, una proteína crucial de la piel. Proviene de fresas, cítricos, brócoli, tomates y repollo.

Dado que todas estas vitaminas son esenciales para su piel, debe ajustar su dieta. Asegúrese de consumir alimentos cargados con estas tres principales vitaminas para la piel.

CAPÍTULO 30

USE PRODUCTOS DE LIMPIEZA ADECUADOS PARA SU TIPO DE PIEL

Cuidar la piel es una de las partes más esenciales de la rutina diaria de una mujer, aunque eso no significa que los hombres no puedan hacerlo. Para mantener su piel hermosa y radiante, la mayoría de las mujeres usan productos de limpieza. ¿Estás tentado a usar lo mismo? En caso afirmativo, debe saber todo sobre los productos de limpieza antes de usarlos.

Con la creciente demanda de productos de limpieza, cada vez más fabricantes siguen produciendo distintos tipos y marcas. Como resultado, a los consumidores como usted les resultará difícil elegir el correcto. En lugar de preocuparse por este problema, simplemente pregúntele a su dermatólogo qué tipo de producto se adapta a las necesidades de su piel. También puede leer varias reseñas en línea y utilizarlas como guía.

Productos De Limpieza Para Diferentes Tipos De Piel

Los productos de limpieza son los artículos imprescindibles para cualquiera que desee tomar cuidado de su piel. Estos artículos pueden ayudar a que la piel se limpie y rejuvenezca despojando la piel del aceite y el sucio de la vida diaria. Pero no siempre es fácil buscar los productos de limpieza más efectivos porque las personas tienen diferentes tipos de piel. Algunos tienen piel grasa, mientras que otros tienen piel manchada, delicada y propensa al acné.

Dependiendo de su piel, puede cambiar cada temporada. Si usted es una de esas personas, deberá usar un tipo diferente de productos de limpieza para el verano del que usaría durante la temporada de invierno. Si no sabes qué tipo de productos de limpieza son los más adecuados para su piel, aquí hay algunos consejos que debe tener en cuenta:

Piel sensible o seca

Los limpiadores hechos para la piel sensible o seca están cargados de gotas de humedad. El pepino y el aloe vera son los ingredientes frecuentes que se encuentran en los limpiadores creados para pieles sensibles. Estas dos plantas contienen propiedades antinflamatorias y calmantes.

Piel mixta

Estos limpiadores están diseñados para ser cremosos y suaves, generalmente en forma de gel. Los ingredientes para combatir el acné como el ácido salicílico pueden estar disponibles en estos productos. Por lo general, estos elementos tienen un pH equilibrado, ya que la piel mixta es muy impredecible.

Piel grasa

Los limpiadores formulados para la piel grasa tienden a estar en forma de gel en lugar de bálsamo. El gel está diseñado para purificar la piel de tanta suciedad y aceite como sea posible. Algunos de estos productos de limpieza tienen perlas de exfoliación integradas en el gel para ayudar a eliminar las células muertas de la piel.

Anti Envejecimiento

Estos productos de limpieza suelen ser muy hidratantes y cremosos. También ayudan a nutrir e hidratar su piel para retrasar su proceso de envejecimiento. También a menudo se infunden con vitaminas como la vitamina E y el betacaroteno. También puede encontrar que estos productos de limpieza contienen té verde, retinol y argireline.

Cada tipo de producto de limpieza tiene un propósito. Los efectos del uso de un producto se pueden ver visiblemente cuando es el limpiador adecuado para su tipo de piel. Por lo tanto, el limpiador debe dar como resultado una tez más lisa y suave. Si su limpiador hace que se reseque, se agriete o se rompa, entonces no está utilizando el mejor limpiador para su tipo de piel.

Cómo Elegir Los Mejores Productos De Limpieza

Encontrar los mejores productos de limpieza puede llevar mucho tiempo y esfuerzo. Este suele ser el caso si no sabe exactamente lo que necesita. Para elegir el correcto, aquí hay secretos que debe saber:

<u>Para pieles secas o maduras</u>

Si tienes la piel madura o seca, no olvides buscar lociones calmantes o cremosas y productos de limpieza. Sus artículos preferidos deben contener mayores concentraciones de agua, aceites y emolientes. El agua de rosas ayuda a que su piel permanezca hidratada, y la glicerina es un humectante suave y natural que atrae la humedad a la superficie de la piel.

Para piel sensible

La glicerina también es esencial para la piel sensible porque se ha revelado que promueve la maduración celular normal. Manténgase alejado de exfoliantes y limpiadores exfoliantes si es susceptible a la irritación. Para combatir la hinchazón, el enrojecimiento y la inflamación, también puede elegir un producto de limpieza que sea rico en aloe vera.

Para pieles mixtas

Si tiene este tipo de piel, puede tomar un poco de ensayo y error buscar un limpiador que no deje la piel dura o con sensación de apretada. Como se aconseja, la arcilla, el aloe vera, el aceite de árbol de té y el tomillo son efectivos para calmar el acné. Los limpiadores espumosos también pueden ser demasiado secos para los usuarios con acné, lo que lleva a una producción excesiva de sebo a medida que su piel intenta compensar en exceso la pérdida de sus propios aceites.

CAPÍTULO 31
SOBRE LAS CREMAS HIDRATANTES

¿Quieres tener una piel brillante y hermosa?

Entonces, puede sentirse tentado a usar humectantes. La función principal de estos humectantes es calmar la piel y construir una barrera contra la humedad para mantener la humedad natural. Esto significa que estos productos deben aplicarse directamente después de lavar y tonificar la cara o después de la ducha.

¿Qué Son Las Cremas Hidratantes?

Las cremas hidratantes, también conocidas como emolientes, son mezclas complejas de agentes químicos hechos especialmente para hacer que las capas externas de la piel sean más flexibles y suaves.

Estos productos aumentan la hidratación de la piel al reducir la evaporación.

Los esteroles y lípidos de la piel que se producen de forma natural, así como los aceites naturales, lubricantes, emolientes y humectantes, pueden ser parte de la composición de los humectantes de la piel. Las cremas hidratantes están disponibles no solo para cosméticos, sino también con fines terapéuticos. También se pueden hacer en casa con el uso de ingredientes de farmacia comunes.

Las cremas hidratantes tratan y previenen la piel seca y sensual. También pueden ayudar a proteger la piel sensible, mejorar el tono de la piel y enmascarar las imperfecciones. Estos productos a menudo contienen aceites livianos e ingredientes derivados de silicona.

Ingredientes De Cremas Hidratantes

Los humectantes de la piel se pueden dividir en tres categorías:

Humectantes

Esto puede ayudar a absorber la humedad del aire y mantenerla en la piel. Algunos ejemplos comunes de estos son urea, ácidos alfa hidroxilados y glicerina.

Emolientes

Esto puede ayudar a rellenar espacios entre las células de la piel y alisar o lubricar la piel. Los ejemplos habituales de estos son aceite mineral, lanolina y vaselina.

Conservantes

Esto puede ayudar a prevenir el crecimiento de bacterias en productos hidratantes.

Otros ingredientes esenciales de las cremas hidratantes incluyen minerales, vitaminas, fragancias y extractos de plantas.

Usar Cremas Hidratantes Para Tratar Sus Problemas De Piel

Para tratar la sequedad de la piel, las mejores cremas hidratantes son las que contienen ingredientes a base de aceites que contienen ingredientes como la semilla de uva, antioxidantes y dimeticona. Para pieles muy deshidratadas, los productos a base de aceites son mejores ya que duran más que las cremas y son más adecuados para prevenir la evaporación del agua.

Para la piel grasa, los tipos a base de agua que no son comedogénicos son la mejor opción. Estos artículos humectantes tienen menos posibilidades de formación de comedones.

Si su piel ya se encuentra envejecida, manténgala bien hidratada y suave, asegúrese de elegir un producto que contenga vaselina como base, junto con alfa hidro-xiácidos y antioxidantes para las arrugas.

Para pieles sensibles, es mejor usar humectantes que contengan ingredientes calmantes como el aloe vera y la manzanilla. Estos ingredientes pueden ayudar a minimizar posibles alérgenos e irritantes.

Conceptos Erróneos Y Verdades Sobre Las Cremas Hidratantes

Las personas tienen percepciones distintas sobre las cremas hidratantes. Algunos de ellos son plenamente conscientes de sus beneficios e ingredientes, mientras que otros tienen ideas totalmente erróneas. Para darle algunas pistas sobre estos productos, estas son las cosas que necesita saber:

Concepto erróneo 1: Todas las cremas hidratantes son de la misma calidad.

Si lee comentarios sobre cremas hidratantes, probablemente sepa que estos productos varían de uno a otro. Por lo tanto, tiene muchas opciones para elegir. Algunos de estos artículos contienen una mezcla de emolientes, humectantes y oclusivos.

Dependiendo de sus humectantes preferidos, algunos de ellos son ligeros, mientras que otros son más pesados. Para los usuarios con piel extra seca, quieren algo que tenga más volumen. Por lo tanto, prefieren usar una crema que tiende a asegurar su piel.

Concepto erróneo 2: los usuarios necesitan diferentes humectantes para diferentes partes de su cuerpo.

Esto es completamente falso. Los expertos afirman que la mayoría de los humectantes se pueden usar en varias partes del cuerpo. Si tiene manos y pies agrietados o secos, es mejor usar una crema especial para esas áreas.

Concepto erróneo 3: su piel se vuelve demasiado dependiente de la crema hidratante.

Si bien sigues usando humectantes, no significa que tu piel dependa completamente de estos productos. Estas cremas hidratantes solo se usan para tratar los problemas de la piel. También se pueden usar para proteger su piel de posibles afecciones como la dermatitis de contacto de tipo eccema.

Concepto erróneo 4: puede volverse adicto al bálsamo labial.

Esto es extremadamente falaz. Si continúa aplicando bálsamo labial, hace que sus labios estén más humectados; nunca te volverás adicto a este producto. El bálsamo labial puede ser muy útil, por ejemplo, durante la temporada de verano.

Concepto erróneo 5: si su crema hidratante contiene protector solar, no necesita usar otras formas de protección.

Los expertos afirman que hay un exceso de productos cosméticos que tienen protector solar incorporado. No olvides leer la letra pequeña del producto. Asegúrese de elegir uno con una fórmula SPF para tener la certeza de que sea un protector solar de amplio espectro.

CAPÍTULO 32
SOBRE LA EXFOLIACIÓN

¿Sabes Lo Que Significa Exfoliación?

La mayoría de las personas conocen este procedimiento de la piel, mientras que otros no. En el caso de que tenga algunas preguntas sobre la exfoliación, puede aprender en los siguientes párrafos como referencia.

Exfoliación Definida

La exfoliación implica la eliminación de las células muertas de la piel en la superficie más externa de la misma. También se ha utilizado durante varios años para mantener una piel sana y activa.

La exfoliación está involucrada en el método de todos los tratamientos faciales, durante las exfoliaciones químicas y la microdermoabrasión en los spas médicos. La exfoliación también se puede lograr a través de medios químicos o mecánicos.

Según los expertos, la piel de un humano tiene un proceso incorporado de eliminación de células muertas que son reemplazadas por nuevas células. Sin embargo, con la edad, este método se ralentiza y la piel se vuelve problemática y opaca. Para recuperar una apariencia juvenil y sorprendente, la exfoliación puede ser su mejor opción.

Si se hace con regularidad, aumentará el proceso de renovación de la piel y reducirá los malos efectos de los rayos solares, las células muertas y la suciedad en la piel.

Tipos De Exfoliación

Hay tres tipos distintos de exfoliación. Si no está familiarizado con estos tipos, aquí están:

1. Exfoliación manual: este es el proceso de fregar y limpiar la piel. Para los tratamientos faciales, lo mejor es usar una toallita suave y delicada, o un kit exfoliante de venta libre puede ser su opción ideal. Solo asegúrese de elegir un exfoliante que tenga granos más finos para evitar la irritación.

Los dispositivos de exfoliación manual son apropiados para la piel normal. Según los expertos, la piel con problemas de acné puede irritarse si se utilizan estas herramientas. Además, las herramientas manuales no son ideales para pieles sensibles.

2. Exfoliación química: este tipo es ideal para la piel propensa al acné. También puede tratar la piel con daños solares. La piel seca se beneficiará de este tipo de proceso.

Este proceso utiliza productos químicos ácidos como los ácidos beta hidroxilo y los ácidos hidroxilo para curar la piel dañada por el sol, la piel con acné y la piel seca. Los ácidos eliminan las células muertas inútiles y dejan la piel más sana y limpia.

3. Exfoliación enzimática: si tiene piel sensible, obtendrá los mejores beneficios de la exfoliación enzimática. Este tipo no implica fregar, ya que empeorará la piel.

Los expertos afirman que la exfoliación diaria es aconsejable para otra parte del cuerpo. Pero, la frecuencia de la exfoliación facial depende del tipo de piel. La piel normal necesita exfoliación dos veces por semana, mientras que la piel seca necesita exfoliación no más de tres veces por semana.

Cómo Exfoliar Tu Piel

Exfoliar tu piel es extremadamente crucial. Si no sabes cómo exfolia tu piel, esta es tu oportunidad de aprender qué hacer y qué no hacer.

Qué puedes hacer:

1. Use un paño limpio para quitar la piel muerta después del lavado.

2. Use un protector solar de espectro completo con una calificación de 30 SPF o más durante el día.

3. Use un ácido alfa hidroxílico derivado naturalmente en la piel por la noche y por la mañana.

Qué no debes hacer:

1. No lave su piel con un exfoliante o limpiador abrasivo. Los limpiadores a base de exfoliante generalmente utilizan cáscaras plásticas o de nuez agrupadas como abrasivo tópico. Los expertos afirman que la aplicación de un exfoliante abrasivo sobre la piel provocará la sobre estimulación de las glándulas sebáceas.

2. No frote su piel con un limpiador mecánico o una esponja vegetal.

Estos artículos desgastan la piel y esto hace que su piel se vea roja e inflamada.

3. No continúe usando un exfoliante si experimenta sensaciones no deseadas. Ejemplos comunes de estos son la resequedad, picazón y otras sensaciones relacionadas.

Beneficios De La Exfoliación

La exfoliación ofrece innumerables beneficios. Entre los cuales te puedo resaltar:

1. Mejora la textura de su piel: si su piel se siente seca, delicada o áspera, exfoliar su piel es una excelente opción para recuperar su aspecto natural. Si continúa exfoliando su piel, la mantiene lisa y mejora su apariencia general.

2. Combate los diferentes signos del envejecimiento: a través de la exfoliación, su piel puede combatir fácilmente los diferentes signos del envejecimiento. A medida que aumenta su edad, las capacidades naturales de su piel para eliminar las células muertas disminuyen. Como resultado,

las arrugas, las líneas finas y la piel seca aparecen más visibles.

3. Ayuda a prevenir brotes: si tienes puntos blancos, puntos negros o brotes, al exfoliar tu piel mantendrás los poros limpios y sin obstrucciones.

4. Igualar el tono de la piel: a través de la exfoliación, incluso el tono de la piel se puede adquirir fácilmente. Este proceso también ayuda a eliminar la suciedad sobrante y el maquillaje para revelar una piel nueva y brillante.

5. Los productos de ayuda para la piel penetran más profundamente: si tiene capas de piel muerta, es posible que sus productos preferidos no puedan penetrar su piel. Según lo recomendado, exfolie su piel regularmente y tendrá la oportunidad de obtener los mejores resultados.

Después de aprender estas diversas cosas sobre la exfoliación, seguramente se sentirá tentado a usar esta actividad para cambiar la apariencia de su piel.

CAPÍTULO 33
LA IMPORTANCIA DEL AGUA Y EL DESCANSO

No todas las personas son conscientes de las conexiones del agua y el descanso para una condición saludable de la piel. Si eres uno de ellos, estás leyendo el libro correcto. Este capítulo explica cómo el agua y el descanso afectan la condición de su piel y su gran importancia.

La mayoría de las personas son conscientes de que beber mucha agua regularmente es esencial para una buena salud general porque el agua ayuda en la digestión, absorción, circulación e incluso excreción. Pero, ¿qué pasa al beber más vasos de agua para una salud adecuada de la piel?

Cuando se trata de la salud de la piel, el agua juega un papel vital. Los expertos afirman que beber mucha agua te da un cutis saludable, radiante y de aspecto más joven.

Si no toma suficiente agua, se presentará la falta de hidratación. Como resultado, su piel puede parecer apretada u opaca. Además, la piel seca tiene menos flexibilidad y es más susceptible a las arrugas. Como el agua se pierde en grandes cantidades cada día, debe hacer todo lo posible para reemplazarla.

La pregunta principal es, ¿cómo agrega agua a la piel? La respuesta es muy simple y aquí hay algunos consejos:

• Aplique una crema hidratante al menos dos minutos después de salir de la ducha. La piel aún es porosa y está susceptible con los productos que se aplican después de la ducha. Por lo tanto, permite una mejor absorción.

- Aplique lociones para la piel que contengan ácido hialurónico antes de la crema hidratante.

El ácido hialurónico tiene 1000 veces su propio peso en agua. Por lo tanto, atrae agua a la piel y la mantiene allí.

- Beba más vasos de agua todos los días. Esto puede ayudar a eliminar las toxinas en su cuerpo y piel. Con cantidades suficientes de agua, su piel se verá más radiante y sorprendente.

¿Cómo saber si tu piel está bien hidratada? Su piel tiene suficiente agua si experimenta los siguientes signos:

- No tienes sed.

- Orinas con frecuencia.

- Su orina será de color claro o de un tono amarillo pálido.

- Estarás más enérgico que antes.

Al conocer la importancia del agua para

una condición saludable de la piel, seguramente beberá más vasos de agua todos los días. Por lo tanto, tiene la oportunidad de obtener una piel hermosa y brillante.

El Descanso Y Tu Piel

Es innegable que la mayoría de las personas no practican hábitos de sueño adecuados. Si eres uno de ellos, definitivamente sabrás cómo cambia la condición de tu piel. Los expertos afirman que dormir mal puede conducir a hormonas de alto estrés en el cuerpo. Esta condición aumenta la gravedad de las afecciones inflamatorias de la piel como la psoriasis y el acné.

Para darle algunas pistas, estas son las razones por las que necesita practicar un hábito de sueño saludable:

• *Mejora la condición de su piel*: un descanso adecuado reduce los riesgos de tener brotes de acné, reacciones de dermatitis alérgica de contacto y contacto alérgico irritante. Por lo tanto, le ayuda a liberar su piel de problemas graves.

• *Reduce las células inflamatorias en el cuerpo*: si descansa lo suficiente, puede reducir fácilmente las células inflamatorias en su cuerpo. Esta condición provoca una disminución en la descomposición del ácido hialurónico y el colágeno, las moléculas que proporcionan a la piel su elasticidad, brillo y translucidez.

• *Te hace sentir seguro de ti mismo físicamente*: mientras descansas, la hidratación de tu cuerpo se reequilibra. La piel también puede recuperar la humedad, mientras se procesa el exceso de agua en el cuerpo para su eliminación. Con un sueño adecuado, puede tener un equilibrio perfecto de agua y esto puede ayudar enormemente a reducir los riesgos de tener arrugas, círculos debajo de los ojos, bolsas hinchadas y sequedad. Por lo tanto, te verás más impresionante que nunca.

• *Reduce su proceso de envejecimiento*: mientras duerme, el aumento de las hormonas de crecimiento permite que las células destructivas se reparen. Si continúa durmiendo, esto ocurrirá y, por lo tanto, no tendrá que preocuparse por los diferentes signos del envejecimiento.

Con los grandes beneficios de un descanso adecuado, seguramente ajustará su horario. Por lo tanto, está seguro de que obtendrá la mejor complexión y apariencia posible de la piel.

Cosas Que Debe Hacer Para Mejorar Su Descanso Nocturno

¿Desea descansar lo suficiente para mejorar la salud de su piel?

Debe seguir los siguientes consejos:

• Evite comer una gran cantidad de alimentos demasiado tarde en el día.

• Beba más vasos de agua durante todo el día.

- Mantenga la electrónica fuera del dormitorio.

- Duerma debajo de una manta cómoda en una habitación oscura, fresca y tranquila.

- Use sábanas de algodón transpirables y lávelas frecuentemente.

- Use detergentes para la ropa que no tengan fragancias fuertes.

Después de considerar todos estos consejos, está seguro de que puede dormir fácilmente por la noche. Significa que no tiene que preocuparse por cómo mejorar sus hábitos de sueño. Como resultado, es fácil para usted adquirir la mejor piel posible.

CAPÍTULO 34
LA IMPORTANCIA DE SU ALIMENTACIÓN PARA SU PIEL

Tu piel es una de las partes más esenciales de tu cuerpo. Te hace sentir bien cuando estás bien hidratado. También ayuda a proteger su cuerpo de las bacterias intrusas; con las excelentes funciones que ofrece su piel, debe hacer todo lo posible para cuidarla.

Una de las mejores maneras de proteger su piel es tener una dieta perfecta y saludable. Si está practicando una dieta saludable, eventualmente obtendrá los siguientes beneficios:

• Hace que tu piel sea saludable.

• Ayuda a reducir los riesgos de tener

problemas relacionados con la piel.

• Mejora tu belleza.

• Protege tu piel de cualquier elemento destructivo.

• Ayuda a reparar los tejidos del cuerpo.

• Obtenga fácilmente las vitaminas necesarias para proteger su piel de los diferentes signos del envejecimiento.

Con los grandes beneficios de tener una dieta adecuada y saludable, su piel se verá increíble en poco tiempo. Si no sabe qué comer, no tiene que preocuparse. Puede pedir ayuda a cualquier dermatólogo o experto para obtener algunos consejos sobre los diferentes tipos de alimentos esenciales para una piel sana.

Alimentos Que Benefician La Salud De La Piel

Cuando se trata de alimentos para una piel sana, las personas están bastante confundidas sobre qué comer y qué deben evitar. A continuación describo los principales alimentos que debe incorporar a sus comidas diarias:

• Pescado: tiene un alto contenido de ácidos grasos Omega-3. Contribuye a una piel brillante y saludable. Entre los diferentes tipos de pescado, debes comer salmón pues tiene las mayores cantidades de Omega-3.

• Bayas: las fresas, los arándanos y otros tipos de bayas son ricos en antioxidantes. Estos ayudan a los radicales libres de las células de la piel perjudiciales a través de métodos oxidativos. También pueden ayudar a protegerlo de contraer cáncer de piel.

• Té verde: beber este tipo de té día tras día hará maravillas en tu piel. Entre los diferentes tipos de jugo, es rico en polifenoles, que sirven como antinflamatorios para la piel.

• Almendras: están llenas de vitamina

E. Los expertos afirman que las almendras pueden ayudar a proteger su piel de los diferentes signos del envejecimiento. También pueden ayudar a hidratar su piel desde adentro.

• Mangos: son ricos en vitamina A y bajos en calorías. Los mangos pueden ayudar a reparar su piel y evitar que se descame.

• Verduras de hoja verde: los ejemplos más comunes de estas son la col rizada, las espinacas y las acelgas. Estos alimentos están cargados de vitamina A, que estimula la renovación de las células de la piel. Denota que su piel se renueva al instante y parece brillante y fresca.

• Aguacates: pueden proporcionar a la piel aceites grasos esenciales y vitaminas del complejo B. La vitamina B3 alivia la decoloración de la piel. Intenta cortar un poco de aguacate en una ensalada. Dependiendo de su elección, puede mezclar aguacate con cebolla picada, condimentos, tomates y guindillas.

• Frutos secos: contienen ácidos grasos esenciales que contribuyen a la salud celular. Los expertos afirman que cuanto más saludables sean sus células, mejor podrán proteger su piel de los desechos destructivos.

Al igual que otras personas, probablemente le resulte difícil cambiar sus hábitos alimenticios. Para resolver este problema, lo mejor que puede hacer es hacer un plan dietético.

Al hacer un plan dietético, debe incluir todos los alimentos para una piel sana en una semana. Asegúrese de seguir también su plan dietético, sea lo que sea necesario. A través de esto, estará seguro de que está consumiendo los alimentos correctos para que su piel esté saludable y radiante. Si no sabes por dónde empezar, ¡no te preocupes! Existen numerosos recursos en línea y profesionales que pueden brindar asistencia.

¡A veces, la gente dice que tener la mejor dieta requiere mucho dinero!

Esta percepción es extremadamente errónea. Puede cambiar fácilmente su dieta de forma rápida y asequible.

¿Estás emocionado de tener una piel hermosa y brillante? Entonces, haz un movimiento correcto ¡ahora! Ya seas adolescente, madre trabajadora u hombre de negocios, puede obtener fácilmente lo que realmente desea. Solo sepa lo que necesita hacer para mantener su piel sana y sorprendente.

Al principio, lograr una piel sana puede ser difícil. Pero, a medida que avanza el proceso, lo encontrará fácil y gratificante.

¿Que estas esperando? Haga lo que sea necesario para mejorar el estado y la apariencia de su piel. Como habrás leído, no tienes que seguir pasos complejos ni gastar grandes cantidades de dinero en efectivo. ¡Solo concéntrate en tu objetivo, sigue los consejos sugeridos y prepárate para un gran cambio!

Made in the USA
Las Vegas, NV
08 November 2024

11314355R10132